So sind sie, die

# Schweizer

Paul Bilton



Die Fremdenversteher

**Impressum**

Paul Bilton
**So sind sie, die Schweizer**

erschienen im
Reise Know-How Verlag Peter Rump GmbH
Osnabrücker Str. 79, 33649 Bielefeld


1. Auflage 2018



Titel der englischen Originalausgabe:
Xenophobe's® guide to The Swiss


**Deutsch von** Karsten Singelmann

**Gestaltung**
Umschlag: Franziska Feldmann (Layout), der Verlag (Realisierung)
Inhalt: Günter Pawlak, FaktorZwo (Layout), der Verlag (Realisierung)
Zeichnungen: Gunda Urban und Franziska Feldmann

**Redaktion**
Thorsten Altheide

**Druck und Bindung:**
Media-Print, Paderborn

Printed in Germany

ISBN 978-3-8317-2882-4
ISBN epub 978-3-8317-4957-7
ISBN mobi 978-3-8317-4958-4

Dieses Buch ist erhältlich in jeder Buchhandlung Deutschlands, der Schweiz und Österreichs:
Bitte informieren Sie Ihren Buchhändler über folgende Bezugsadressen:
**Deutschland**
Prolit GmbH, Postfach 1109, D-35461 Fernwald sowie alle Barsortimente
**Schweiz**
AVA Verlagsauslieferung AG, Centralweg 16, CH-8910 Affoltern am Albis
**Österreich**
Mohr Morawa Buchvertrieb GmbH, Sulzengasse 2, A-1230 Wien

Wer im Buchhandel trotzdem kein Glück hat, bekommt unsere Bücher auch über:
**www.reise-know-how.de**

# Inhalt

Die Bevölkerung der Schweiz setzt sich aus 64 % Deutschsprachigen, 23 % Französischsprachigen, 8 % Italienischsprachigen und 0,6 % Rätoromanischsprachigen zusammen. Die restlichen 4,4 % äußern sich nur sehr selten. Die Gesamteinwohnerzahl liegt bei knapp 8,5 Millionen – verglichen mit 8,7 Millionen Österreichern, 61 Millionen Italienern, 65 Millionen Briten, 65 Millionen Franzosen, 82 Millionen Deutschen und 326 Millionen Amerikanern.

Die Schweiz hat annähernd die gleiche Größe wie die Niederlande und würde 12-mal ins Staatsgebiet von Spanien hineinpassen.

# Nationalgefühl & Identität

## *Die Physik der Angst*

Es gibt kein mathematisches Modell, das eine plausible Erklärung liefert, warum Hummeln fliegen können. Und nach allen Gesetzen der Ökonomie dürfte es auch nicht sein, dass es den Schweizern so unfassbar gut geht. Ein Land ohne Zugang zum Meer, ein Binnenmarkt, der kleiner ist als der von London, eine Bevölkerung, die vier verschiedene Sprachen spricht, keine natürlichen Ressourcen außer Wasserkraft, ein wenig Salz und noch weniger Fisch, keine gesicherten Märkte für einheimische Produkte dank ehemaliger Kolonien oder der Zugehörigkeit zu einem Handelsblock – kurzum, eigentlich hätten sie schon längst höchst unsanft auf dem Boden der Tatsachen landen müssen. Stattdessen bilden die Schweizer die einzige Nation, neben der die Deutschen ineffizient, die Franzosen undiplomatisch und die Texaner arm wirken. Der Schweizer Franken ist eine sicherere Anlage als Gold und die schweizerische Wirtschaft stabiler als die Felswand des Matterhorns.

**» Die Schweizer bilden die einzige Nation, neben der die Deutschen ineffizient, die Franzosen undiplomatisch und die Texaner arm wirken.**

Beim Pro-Kopf-Einkommen rangieren die Schweizer auf einem der ersten drei Plätze weltweit. Aber trösten wir uns, denn genießen tun sie diesen Reichtum nicht die Spur. Seit dem Zusammenschluss der drei Urkantone im Jahre 1291 werden die Schweizer nicht müde zu behaupten, ihr Erfolg sei nur ein vorübergehender und das schreckliche Ende jederzeit zu erwarten. Störrisch verweigern sie sich der Einsicht, dass sie sich äußerst wacker schlagen, und gehen dabei sogar so weit, die Zahlen anzufechten, die den Beweis dafür liefern. Wie der arme Esel auf der Jagd nach der Möhre ziehen also die Schweizer ihren gemeinsamen Karren immer noch ein Stückchen verbissener voran, stets auf der Jagd nach einem Ziel, das sie schon längst erreicht haben.

Vielleicht ist es einfach selige Unwissenheit, die die Hummel in der Luft hält. Was aber die Schweizer zu Überfliegern macht, ist alles andere als Unwissenheit – es ist die Angst, eines Tages alles zu verlieren, was sie sich so hart erarbeitet haben.

## *Staatsaffären*

Die Schweiz ist ein Bund von 26 Kantonen, von denen drei noch einmal in Halbkantone unterteilt sind (ein halber Kanton ist besser als keiner). Diese Kantone gleichen Miniaturstaaten, haben einen eigenen Haushalt, erheben eigene Steuern und geben diese aus, wie es ihnen passt: für eigene Gerichte und Polizeikräfte, für die Bildung und sogar für die Führerscheinprüfung. Einige von ihnen waren in früheren Zeiten souveräne Staaten, und viele glauben, sie wären es immer noch.

**›› Ein halber Kanton ist besser als keiner.**

Die Kantone umfassen annähernd 3.000 vollkommen unabhängige Gemeinden, die allesamt ihre eigenen Entscheidungen über Angelegenheiten wie Wohlfahrtswesen, Gas, Strom, Wasser, Straßenbau und sogar Feiertage treffen.

Wer kontrolliert dieses programmierte Chaos? Auf der einen Seite die Bundesregierung, auf der anderen die Schweizer Bürger mit ihrem einzigartigen und machtvollen Instrument der Volksabstimmung. Indem er alle drei Monate über alle nur denkbaren Fragen abstimmt, scheint der schweizerische Hund tatsächlich mit dem eigenen Schwanz zu wedeln.

**» Gemeinsam ist den Schweizern die feste Entschlossenheit, nicht so zu sein wie die seltsamen Einwohner des Nachbartals.**

Man muss erst das von Vielfalt und Unabhängigkeitsstreben geprägte Wesen des föderalen Systems und die sprachlichen und kulturellen Unterschiede innerhalb des Landes geistig verinnerlicht haben, um die oft gehörte Wendung „in Wirklichkeit existieren die Schweizer gar nicht“ auch nur annähernd zu verstehen. Dennoch gibt es sie, verborgen in der Mitte Westeuropas, in einem Land, das eine ganze Reihe von Namen trägt – Schweiz, Suisse, Svizzera, Svizra und auf Lateinisch Helvetia. Das Völkchen, das dort lebt, versucht mit aller Macht, uns davon zu überzeugen, dass sie keine „Schweizer“ sind, sondern vielmehr Züricher, Berner, Vaudois (Waadtländer), Luganesi (Luganer) oder Genevois (Genfer) – die Liste ist so lang wie die der Täler. Gemeinsam ist ihnen der rote Schweizer Reisepass und die feste Entschlossenheit, nicht so zu sein wie die seltsamen Einwohner des Nachbartals. In ihrem Willen zum Anderssein sind sich die Schweizer bemerkenswert gleich.

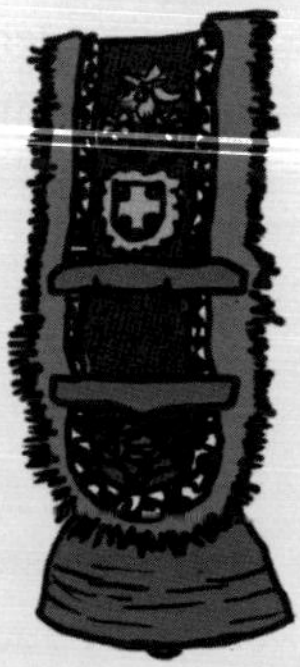

## *Drei sind zwei zu viel*

*Röstigraben* ist der von den Schweizer Medien geprägte Ausdruck für die imaginäre Nord-Süd-Trennlinie zwischen den Französisch- und den Deutschsprachigen. Rösti bezeichnet dabei die rund um Bern bevorzugte Art der Kartoffelzubereitung und wird vom Rest der Schweiz als Symbol für die behäbige, solide und verlässliche, aber auch steife Mentalität der Schweizerdeutschen angesehen. Die Französischsprachigen sprechen ihrerseits von den „Outre-Sarine“, also denen jenseits des Flusses Sarine (Saane), der durch den Röstkartoffelgraben fließt, womit sie sagen wollen, dass die Deutschsprachigen auf der anderen Seite des Flusses jenseits dessen sind, was noch als akzeptabel durchgehen kann.

**›› Der Rösti ist ein Symbol für die behäbige, solide und verlässliche, aber auch steife Mentalität der Schweizerdeutschen.**

Eine andere Trennlinie, die von Westen nach Osten zwischen den Deutsch- und den Italienischsprachigen verläuft, wird als „die Alpen“ bezeichnet.

Der Widerstreit zwischen Teutonen, Galliern und Lateinern birgt ein Konfliktpotenzial, wie es auch den belgischen oder kanadischen Zwiespalt befeuert, von Nordirland oder dem ehemaligen Jugoslawien gar nicht zu reden. Gelegentlich zeigen sich Risse in der schweizerischen Rüstung, etwa 1978, als die nach Unabhängigkeit strebenden Separatisten im frankophonen Teil des Kantons Bern sich per Abstimmung zum eigenständigen Kanton Jura erklärten – nicht ohne zuvor die eine oder andere Bombe geworfen zu haben.

Unterschiede offenbaren sich auch bei den vierteljährlich angesetzten Volksabstimmungen. Die Deutschsprachigen verteidigen den Status quo und sind eifrige Verfechter des Umweltschutzes. Das übrige Land, einschließlich des deutschsprachigen Basels (das erst seit fünfhundert Jahren zur Schweiz gehört), ist radikaler in seinem Abstimmungsverhalten. Das Geheimnis der schweizerischen Einheit liegt darin, dass die Bevölkerung wenig zu nörgeln und für den Fall, dass es doch einmal Beschwerden gibt, in der direkten Demokratie eine praktische Lösung zur Verfügung hat. Um es klar zu sagen: Eventuell auftretende Reibungen werden durch das beste Schmiermittel behoben, das der Menschheit bekannt ist, nämlich durch Geld.

## *Wie sie sich selbst sehen*

Die Schweizer hängen gern dem Glauben an, das Beste komme zuverlässig aus dem eigenen Land, besser noch: der eigenen Gegend, insbesondere der Menschenschlag. Daher kauft der Schweizer, auch wenn der Supermarkt italienische Erdbeeren zum halben Preis im Angebot hat, unbeirrt die aus heimischem Anbau, fest überzeugt von ihrer überlegenen Qualität.

**» Für ihre Landsleute haben die Schweizer kaum einmal ein gutes Wort übrig.**

Für ihre Landsleute haben sie kaum einmal ein gutes Wort übrig. Stadtbewohner verachten ihre Vettern vom Lande als vorsintflutlich und hinterwäldlerisch, während sie anderen Stadtbewohnern wiederum mit tiefem Misstrauen begegnen, weil diese ihrer Ansicht nach oft allzu protzig und glatt daherkommen.

Es herrscht eine starke Rivalität zwischen den Städten. Mit seinem internationalen Flughafen, der Hightechindustrie und dem reibungslos funktionierenden Finanzsektor betrachtet Zürich sich als einzigen Schweizer Standort von Weltgeltung. Dennoch ist Zürich, worauf die Einwohner von Bern jederzeit mit Freuden hinweisen, nicht die Hauptstadt.

In den Augen der Berner wird Zürich allzu sehr von seinen abgebrühten Bankern geprägt. Sowohl die behäbigen Berner als auch die schnittigen Züricher aber blicken auf die Baseler (genauer: die Basler) herab. Gefährlich nahe an Frankreich und Deutschland gelegen und Standort einiger eher geruchsintensiver Industrien, gilt Basel als tendenziell verunreinigt und folglich nicht wahrhaft schweizerdeutsch. Die Basler revanchieren sich mit ihrem funkensprühenden Humor und nutzen jede Gelegenheit, sich über ihre Landsleute in den anderen Städten lustig zu machen. Hunderte von Baslern und Zürichern, allesamt fest davon überzeugt, am besten Ort der Welt zu leben, pendeln lieber Tag für Tag in die jeweils andere Stadt, als einen Umzug ins Auge zu fassen.

**» Sowohl die behäbigen Berner als auch die schnittigen Züricher blicken auf die Baseler herab.**

Genf hat ebenso wie Basel den Ruf, „nicht ganz schweizerisch“ zu sein. Jeden Tag strömen Tausende Franzosen zum Arbeiten über die Grenze, und ein Viertel der Genfer Bevölkerung sind englische Muttersprachler. Was Schweizer Kolorit angeht, ist Genf dem kleineren Lausanne deutlich unterlegen.

Ähnliche Rivalitäten werden zwischen den tessinischen Städten Lugano und Locarno ausgetragen – von Touristen gern verwechselt, für die Tessiner aber Welten voneinander entfernt. Der Konkurrenzkampf wird allerdings dadurch gemildert, dass beide hinter Bellinzona zurückstehen müssen, das, obwohl kleiner, Hauptstadt des Kantons ist.

## *Wie sie andere sehen*

So zufrieden die Schweizer mit ihren Erdbeeren auch sein mögen, plagen sie doch ständig Zweifel bei fast allem anderen. Die größte Angst ist die, dass irgendjemand einen Weg gefunden hat, alles noch besser zu machen. Aus diesem Grund spähen sie immer wieder sehnsuchtsvoll ins nächste Tal und von dort dann zu allen anderen Nationen auf der Erde.

**» Die größte Angst der Schweizer ist, dass irgendjemand einen Weg gefunden hat, alles noch besser zu machen.**

Nach intensiver nationaler Selbstbefragung trat die Schweiz im Jahr 2002 schließlich den Vereinten Nationen bei, doch Mitgliedschaften in der EU oder der NATO liegen nach wie vor in weiter Ferne. Die offizielle Begründung lautet, dass damit das einzigartige demokratische System und die Neutralität der Schweiz in Frage gestellt würden. Inoffiziell haben die Schweizer das Gefühl, es stehe ihnen nicht zu, solch ehrwürdigen Organisation beizutreten, ihnen, die unerschütterlich an ihrer Unabhängigkeit und ihrem Schweizer Franken festhalten. Die Wählerschaft sagte Nein zur EU, nachdem niemand sie davon überzeugen konnte, dass es von Vorteil sei, einem Klub der Armen beizutreten. Seitdem aber zermartern sie sich unablässig den Kopf, ob dies nicht doch die falsche Entscheidung gewesen sein könnte.

Die Schweizer pflegen eine langjährige Liebesaffäre mit Amerika. Das liegt daran, dass die USA alles das sind, was die Schweiz nicht ist. Amerika ist groß und gleichförmig, die Schweiz ist klein und vielfältig. In der Vorstellung der Schweizer sind alle Amerikaner ungebundene, extrovertierte Cowboys, die ungehindert durch riesige Gebiete intakter Natur streifen, während sie selbst einem strengen bürokratischen System und sozialen Verhaltensregeln unterworfen sind, die jedem Bürger schwere Lasten der Verantwortung auferlegen. Ein amerikanisches Auto zu kaufen, ist das Wildeste, was ein Schweizer sich vorstellen kann – und viele tun genau das.

**» Die Deutschen mag man nicht, weil sie so selbstbewusst sind, ganz zu schweigen davon, dass sie so gut Deutsch sprechen.**

Die Briten bewundert man dafür, dass sie die halbe Welt eroberten, ohne ein schlechtes Gewissen deswegen zu haben. Und dann alles wieder verloren, ohne sich als Versager zu fühlen. Die Schweizer betrachten sie immer noch als teetrinkende Gentlemen, obwohl Horden von britischen Fußballhooligans eine Spur der Verwüstung durch die Stadien Europas ziehen.

Die Deutschen mag man nicht, weil sie so selbstbewusst sind, ganz zu schweigen davon, dass sie so gut Deutsch sprechen. Gleichzeitig sind die Schweizer insgeheim neidisch auf das deutsche Selbstbewusstsein. Die Franzosen rauben den

Schweizern den Atem mit ihrem Charme, ihrer Kultiviertheit und ihrem *savoir vivre.* Und die Österreicher sind bequeme Nachbarn, auf deren Kosten viele Witze gehen.

Wenngleich die Schweizer also alles, was aus anderen Ländern kommt, in geringer Dosierung verehren, ist zu beachten, dass ein großer Unterschied besteht zwischen „Dingen aus anderen Ländern“ und „Ausländischem“. Wer Probleme hat zu definieren, was das Eigene sein soll, der tut sich natürlich auch schwer mit der Bestimmung dessen, was ausländisch ist. Über 24 % der Wohnbevölkerung in der Schweiz sind Auswärtige. Man muss Schweizer Eltern oder einen Schweizer Lebensgefährten haben, Künstler sein, besser noch ein reicher Künstler, oder mindestens zehn Jahre im Land gelebt haben, bevor man für die Staatsbürgerschaft überhaupt in Frage kommt.

**» Die Österreicher sind bequeme Nachbarn, auf deren Kosten viele Witze gehen.**

Die stets wachsende Zahl von Fremdländischen in ihrer Mitte bietet den Schweizern ein perfektes Alibi für alles, was auch nur ein klein bisschen nicht perfekt ist. Wenn der Service im Restaurant schlecht ist, wenn Gärten ungepflegt, Nachbarn laut oder Autos dreckig sind oder wenn jemand Kleidung trägt, die nicht der aktuellen Mode entspricht, steht der bevorzugte Sündenbock immer schon bereit. Mit wissendem Blick wird dann darauf hingewiesen, dass die Übeltäter ja keine Schweizer seien und noch nicht einmal Touristen, die mehr oder weniger Narrenfreiheit genießen, sondern eben Ausländer.

## *Wie andere sie sehen*

Tendenziell gar nicht. Wenn die der Schwerkraft spottende Hummel die wirtschaftliche Leistungsfähigkeit der Schweiz veranschaulicht, dann steht das sich jeder Umgebung angleichende Chamäleon dafür, wie die Schweizer von anderen nicht gesehen werden.

Die französischsprachigen Schweizer sind schwer von überdurchschnittlich pedantischen Franzosen zu unterscheiden. Die italienischsprachigen Schweizer sind leicht mit etwas steifen Italienern zu verwechseln. Und die deutschsprachigen Schweizer werden oftmals übersehen, weil man sie für leicht sedierte Deutsche hält.

**» Die deutschsprachigen Schweizer werden oftmals übersehen, weil man sie für leicht sedierte Deutsche hält.**

Die Kultur der Schweizer ist vielfältig, was den Karikaturisten ihr Geschäft erschwert. Viele Touristen wollen Kuckucksuhren mit nach Hause nehmen, und man kassiert auch gern die Schweizer Franken dafür, aber eigentlich sind diese Uhren viel zu kitschig für den schweizerischen Geschmack und stammen in Wirklichkeit aus Süddeutschland. Es ist wahr, dass die Schweizer Armee mit Taschenmessern ausgestattet wird, jedoch nicht mit der Touristenversion inklusive Schere, Pinzette, Nagelfeile, Zahnstocher, Korkenzieher und einer Vorrichtung, mit der man Steine aus Pferdehufen pult.

Die Schweizer sind sehr imagebewusst und interessieren sich leidenschaftlich dafür, wie sie von anderen Nationen gesehen werden. Sie glauben fest daran, dass sie beim Rest der Welt unter ständiger Beobachtung und Kritik stehen. Schließlich, so die Argumentation, beobachten und kritisieren sie selbst ja auch ständig, also werden andere es ebenso halten. Umso bestürzter sind sie, wenn die Schweiz mit Schweden verwechselt wird, was nicht selten geschieht, da beide Länder neutral sind, mit „Schw“ anfangen und im Winter verschneit sind. Bei „Trivial Pursuit“ wird sogar nach der Schweizer Hauptstadt gefragt. Das ist nämlich nicht Genf und auch nicht Zürich, die größte Stadt, und nicht einmal Interlaken, wie erstaunlich viele Touristen glauben, sondern Bern.

Derlei Missverständnisse sind wohl noch gefördert worden durch eine großzügige Verwendung des Namens „Helvetia“, der häufig Verwirrung stiftet unter angehenden Briefmarkensammlern. Seine Ursprünge gehen auf die alten Römer zurück, die die hier Ansässigen als „Helvetii“ bezeichneten. Schweizer Autos tragen das Länderkennzeichen CH. Das bedeutet „Confoederatio Helvetica“ – lateinisch für „Schweizer Konföderation“. Auch hier entscheiden sich die Schweizer für Neutralität, anstatt eine ihrer eigenen Sprachen zu verwenden.

**» Die Wahrnehmung der Schweizer als ein etwas langweiliges Volk, das allerdings ein Talent für gnadenlose Effizienz mitbringt, liegt ungemütlich dicht an der Wahrheit.**

Die Wahrnehmung der Schweizer als ein etwas langweiliges Volk, das allerdings ein Talent für gnadenlose Effizienz und einen grenzenlosen Arbeitswillen mitbringt, liegt ungemütlich dicht an der Wahrheit. All die Klischees – die hohen Berge, die Uhren, der Käse (mit und ohne Löcher), die Schokoladenriegel und die Goldbarren – sie sind in Wirklichkeit keine.

# Charakter

## *Gebirgsmentalität*

Bei den Schweizern scheinen ihre Ursprünge als raues Bergvolk durch. Obwohl ungefähr 77 % der Bevölkerung in den Bereichen Finanzdienstleistungen (Banken etc.), Versicherungen und Tourismus tätig sind, etwa 20 % in Industrie, Handel und Handwerk und 3 % in der Landwirtschaft, haben die heutigen Schweizer nichts von dem Schneid und der Entschlusskraft ihrer Vorfahren eingebüßt.

Wer sich seinen kargen Lebensunterhalt dadurch verdient, dass er auf Steilhängen Landwirtschaft betreibt, der muss schon mit einem ganz speziellen Charakter ausgestattet sein, von den üppigen Fördermitteln gar nicht zu reden. Es ist ein einsames Leben auf den Berghöfen, wo Beziehungen schwerer zu kultivieren sind als Kartoffeln. Schweizer Bauern sind ein rauer Menschenschlag – unabhängig, arbeitsam, widerstandsfähig und vor allem: stockkonservativ. Diese Eigenschaften teilen sie mit den schweizerischen Stadtbewohnern, die ihren Alltag angehen, als würden auch sie einen einsamen Felshang bewirtschaften.

**›› Schweizer Bauern sind ein rauer Menschenschlag – unabhängig, arbeitsam, widerstandsfähig und vor allem: stockkonservativ.**

Das Bildungswesen ist nicht darauf angelegt, Individualität zu befördern. Bedenkt man außerdem die natürliche Introvertiertheit eines großenteils in den Bergen lebenden Volkes, wundert man sich nicht mehr darüber, dass die Schweizer immer noch allen mit Misstrauen begegnen, die selbstbewusst und eloquent auftreten.

Die Beschaffenheit des Landes übt einen erheblichen Einfluss aus – Berge beherrschen die Landschaft und die Denkart der Schweizer. Sie neigen dazu, sich abzuschließen – immer in Sorge darum, was wohl im nächsten Tal vorgeht und ob das Gras dort womöglich grüner ist.

Es ist allgemein bekannt, dass Bauern die größten Nörgler der Welt sind. Die schweizerischen sind da keine Ausnahme; man kann ihnen nichts recht machen. Entweder ist es zu trocken für ihre Feldfrüchte, oder es ist zu nass. Die Preise, die sie für ihre Produkte erzielen, sind immer zu niedrig. Die Sektoren abseits der Landwirtschaft haben diese Eigenart mit Begeisterung übernommen, und so entwickelte sich eine Nation, die mit ihrem Los nie und niemals zufrieden ist und einem Phantom der ständigen Verbesserung nachjagt.

**» Die Schweizer haben die negative Einstellung derart zur Perfektion gebracht, dass sie sich positiv auswirkt.**

Die Schweizer haben die negative Einstellung derart zur Perfektion gebracht, dass sie sich positiv auswirkt. Sie besitzen die glückliche Gabe, in allem die Kehrseite zu sehen. Eine unbekümmerte Einstellung à la „das wird schon in der Wäsche rausgehen“ ist ihre Sache nicht. Sie ziehen es vor, sich gar nicht erst schmutzig zu machen. Müllers Gesetz, die schweizerische Version von Murphys Gesetz, besagt: „Alles, was schiefgehen kann, wird auch schiefgehen – aber wir sind bestens darauf vorbereitet.“

## *Von wegen don't worry, be happy*

Die Schweizer sind der Ansicht, dass es zu viele Leute auf der Welt gibt, die Spaß haben, anstatt hart zu arbeiten und sich auf die nächste Katastrophe vorzubereiten. Daher haben sie es auf sich genommen, Verantwortung auch für weniger vernünftige Nationen zu übernehmen – also für den Rest der Welt.

Die innere Vielfalt des Schweizer Volkes lässt sich auch am Ausmaß des Sich-Sorgens ablesen. Die Deutschsprachigen machen praktisch nichts anderes. Die frankophonen Schweizer sind große Visionäre und Philosophen mit hehren Gedanken und weltumspannenden Träumen. Sie haben aber Sorge, dass ihre schweizerdeutschen Landsleute diese Träume nicht teilen. Die italienischsprachigen Schweizer haben die beunruhigende Tendenz, sich nicht annähernd genug Sorgen zu machen. Glücklicherweise machen sie nicht einmal 8 % der Gesamtbevölkerung aus.

**›› Die Schweizer sind der Ansicht, dass es zu viele Leute auf der Welt gibt, die Spaß haben, anstatt hart zu arbeiten.**

Wer in einer sich selbst verwaltenden Gemeinschaft lebt und immerfort lebenswichtige Entscheidungen treffen muss, von denen die Zukunft des ganzen Landes abhängt, der kann sich keine Eskapaden leisten. Man hat ständig auf der Hut zu sein und Vorsorge gegen alle möglichen Katastrophen zu treffen, die jederzeit über die Welt hereinbrechen können. Es wäre daher fahrlässig, Gebäude zu errichten, die keinen kleinen Atombunker im Keller haben. Soll das übrige Europa nach dem Ende des Kalten Krieges ruhig alle Vorsicht fahren lassen, die Schweizer jedenfalls haben, zumindest theoretisch, ausreichend Vorräte gehortet, um einen nuklearen Winter zu überleben. Einmal im Jahr lassen die Bürger einen ohrenbetäubenden Probealarm über sich ergehen, als Vorgeschmack auf das, was im Falle einer großen Überschwemmung, eines Atomangriffs, eines Erdbebens oder eines Vulkanausbruchs auf sie zukäme.

Keine andere als eine Schweizer Regierung wäre imstande, sich um Nichtigkeiten wie etwa ein Haushaltsdefizit zu scheren. Nur eine Schweizer Regierung kann auf die Idee kommen, dem Schuldenproblem mittels einer Steuererhöhung entgegentreten zu wollen. Andererseits kann es auch nur der Schweizer Bevölkerung einfallen, tatsächlich selbst für höhere Steuern zu stimmen, um das Defizit wieder auszugleichen.

Die Schweizer sind die Ersten, die zugeben würden, dass sie allzu ernst sind und allzu fixiert auf Regeln und Vorschriften. Wenn es allerdings hart auf hart kommt, dann können sie einfach nicht anders, dann erliegen sie wieder ihrem Zwang und machen sich große Sorgen.

# Glaubens- & Wertvorstellungen

Da die Schweizer nicht an sich selbst glauben, müssen sie stattdessen an etwas anderes glauben. Weit oben auf der Liste stehen Arbeit und Beruf, Papierkram, Bildung, Weiterbildung, Gott, Arbeit und Beruf und der Schweizer Franken.

## *Jodelnd auf dem Weg zur Bank*

Kleinbauern sind ein klassenloses Völkchen, und klassenlos ist im Grunde auch die Schweizer Gesellschaft, denn die einzige echte Trennlinie ist die zwischen den Reichen und den Superreichen. Es gibt durchaus auch Arme in der Schweiz, aber da Armut allgemein als selbstverschuldet angesehen wird – die davon Betroffenen haben eben einfach nicht hart genug gearbeitet –, mucken die Armen nicht auf.

**» Die Schweizer sagen über Geld: „Man redet nicht darüber, man hat es einfach."**

Die Schweizer selbst sagen über Geld: „Man redet nicht darüber, man hat es einfach." Dazu gibt es sogar ein Gesetz: Schweizer Arbeitsverträge untersagen es den Beschäftigten, mit Kollegen über ihr Gehalt zu sprechen. Auch in Stellenanzeigen dürfen keine Angaben zum angebotenen Gehalt gemacht werden.

Als Mercedes Autos ohne von außen sichtbare Modellbezeichnungen einführte, war das vielleicht speziell für den Schweizer Markt gedacht. Es ist ein subtile Art des Protzens: sich ein phänomenal teures Auto kaufen, aber die Nachbarn im Unklaren darüber lassen, was für ein Modell es ist und was es gekostet hat. Das ist der Umgang der Schweizer mit ihrem Reichtum. Sie führen ihn vor, aber ohne Beschilderung.

Nicht nur sind 500- und 1000-Franken-Noten im Umlauf, sie werden auch gern als Zahlungsmittel entgegengenommen. Es ist keineswegs undenkbar für eine Schweizer Hausfrau, ein einzelnes Brot an der Supermarktkasse mit einem Tausender zu bezahlen. Kein Alarm heult auf. Kein Sicherheitsdienst erscheint auf der Bildfläche. Der Schein wird ohne Misstrauen oder eingehende Prüfung angenommen und allenfalls eines flüchtigen Blickes gewürdigt, bevor – ebenso bemerkenswert – die Kassiererin, ohne mit der Wimper zu zucken, der Kundin das Wechselgeld hinblättert.

**» Es ist keineswegs undenkbar für eine Schweizer Hausfrau, ein Brot an der Supermarktkasse mit einem Tausender zu bezahlen.**

## *Der Preis ist heiß*

Besucher der Schweiz, die aus Ländern mit schwächerer Währung kommen (also zum Beispiel dem Rest der Welt), sollten sich auf einen Schock gefasst machen. Für die Schweizer selbst ist ihr Land nicht teuer (wenn sie das auch naturgemäß bestreiten). Die größte Bank der Schweiz, die UBS, veröffentlicht alljährlich ihre Aufstellung „Preise und Löhne – ein Kaufkraftvergleich rund um die Welt“. Daraus geht hervor, dass ein Züricher Busfahrer, nach allen Abzügen, fast doppelt so viel verdient wie der Abteilungsleiter eines durchschnittlichen Industriebetriebs in London. Und ein Züricher Abteilungsleiter verdient fast dreimal mehr als ein New Yorker Busfahrer. Die Preise in der Schweiz sind hoch; sie müssen es auch sein, um den höchsten durchschnittlichen Stundenlohn der Welt zu finanzieren. Als Beschäftigter eines Schweizer Supermarktes verdient man bis zu 25 Franken die Stunde für das Befüllen der Regale.

## *Die Glocken! Die Glocken!*

Die Schweiz ist zu ungefähr 38 % katholisch und zu 27 % evangelisch. Mit annähernd 5 % stellen die Muslime die drittgrößte Glaubensgruppe. Der Rest setzt sich zusammen aus 25 % ohne religiöse Bindung (verglichen mit 1,2 % im Jahr 1970) und einigen abseitigen Sekten, gelegentlich auch solchen, die sich dem gemeinschaftlichen Massenselbstmord verschreiben. Die Kirche in der Schweiz übt stärkeren Einfluss aus als in den meisten modernen westlichen Gesellschaften. Dies drückt sich etwa im Läuten der Kirchenglocken aus, das viele Touristen so charmant finden, mit dem sich allerdings viele vorzeitig ertaubte Schweizer, die in Hörweite des Kirchturms wohnen, sehr viel weniger anfreunden können.

» **Die Glocken läuten zu jeder Tages- und Nachtzeit.**

Die Glocken läuten zu jeder Tages- und Nachtzeit – um den Bauern anzuzeigen, dass es Zeit zum Mittagessen ist; um den Bauern anzuzeigen, dass die Mittagspause vorbei ist; um an Samstagen die Gläubigen an den darauffolgenden Sonntag zu erinnern, und an Sonntagen, weil es der Tag des Herrn ist.

Der Sonntag wird, wie die anderen sechs Wochentage, sehr ernstgenommen. Nachdem die Schweizer sich die ganze

Woche über fast totgearbeitet haben, werden sie nun mit einem echten Ruhetag belohnt. Die Wäsche nach draußen hängen, den Garten umgraben, das Auto waschen – alles untersagt am Sonntag. Lkws haben Fahrverbot, und an sonnigen Sonntagen haben die privaten Autofahrer Gelegenheit, einmal auszuprobieren, wie lang so ein Stau auf den normalerweise ruhigen Schweizer Straßen sein kann.

**» Die Wäsche nach draußen hängen, den Garten umgraben, das Auto waschen – alles untersagt am Sonntag.**

Die katholische und die evangelische Kirche finanzieren sich hauptsächlich über die Einkommensteuer. In der Steuererklärung wird die Zugehörigkeit zu einer Religionsgemeinschaft abgefragt und bei Katholiken 6 %, bei Protestanten 5 % zusätzliche Steuer erhoben. Auf diese Weise sind alle zufrieden: Atheisten profitieren im Hier und Jetzt, indem sie Kirchensteuern sparen, während die Gläubigen ihre Zahlung als eine Art Versicherungsbeitrag für das Leben nach dem Tode betrachten können.

Der Schweizer Protestantismus, immerhin ein gewichtiger Faktor in der Gesellschaft, ist stark von Reformatoren wie Calvin und Zwingli beeinflusst, die ein einfaches Leben predigten und Tugenden wie Familiensinn, Bescheidenheit und Arbeitseifer priesen. Etwas auf Kredit zu kaufen, ruft noch immer Stirnrunzeln hervor. Sparen ist ein wesentlicher

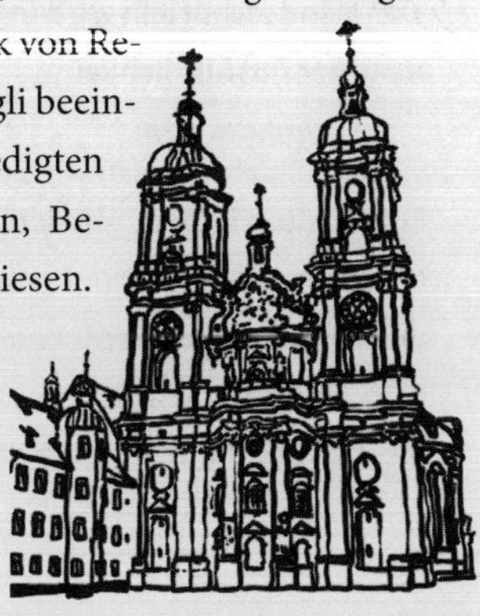

Bestandteil schweizerischen Lebens – Zeit sparen, sich alle Extravaganzen sparen und am allerwichtigsten: Geld sparen, aber nicht irgendein beliebiges Geld, sondern Schweizer Franken. Die Schweizer Spareinlagen pro Kopf werden nur noch von denen der Japaner übertroffen. Erst sparen, dann kaufen, so geht man idealerweise vor, vorausgesetzt, man ist nicht zwischendurch an Langeweile gestorben.

## Verhaltensweisen & Umgangsformen

Die Schweizer gelten als ein unglaublich höfliches Volk. Man sollte freilich nicht den Fehler machen, ihre Förmlichkeit und Zurückhaltung, die geradezu an Schüchternheit grenzt, mit guten Manieren zu verwechseln.

Die Förmlichkeit drückt sich etwa im Händeschütteln aus, das in absurder Ausführlichkeit vorgenommen wird. Sogar Schulkinder kann man auf der Straße beim Händeschütteln beobachten, wenn sie einander begrüßen oder sich voneinander verabschieden. Nachdem sie sich längere Zeit in einem Laden aufgehalten haben, werden Kunden mit einem kräftigen Händedruck verabschiedet und sogleich in die Handschlagliste des betreffenden Unternehmens aufgenommen, um fortan ihre Hände gründlich geschüttelt zu bekommen, sobald sie die Geschäftsräume betreten. Jedermann, ob Stammkunde

**» Das Händeschütteln wird in absurder Ausführlichkeit vorgenommen.**

oder nicht, wird in schweizerischen Geschäften mit Herzlichkeit begrüßt, und zum Abschied wünscht man ihm noch „Einen schönen Tag", beziehungsweise am Samstag natürlich „Einen schönen Sonntag".

Die Palette der Schweizer Sprachen trägt auch nicht unbedingt zur Entspannung bei. Sie alle unterscheiden eine förmliche und eine vertraute Form der Anrede – *Sie* und *du, vous* und *tu, lei* und *tu.* Teenager verwenden die unförmliche Anrede vom ersten Treffen an, doch dann wachsen sie schnell aus dem Teenageralter heraus, und schon behindern die beiden Anredeformen jeden vertrauten Umgang, als hätte sich eine Mauer zwischen die Beteiligten geschoben. Nicht einmal dann kann man entspannen, wenn man den tiefen Graben zwischen Siezen und Duzen übersprungen hat, denn dann muss man daran denken, die Duz-Form auch immer zu benutzen. Jemanden zu siezen, den man eigentlich duzt, ist genauso unhöflich wie der umgekehrte Fall.

**» Jemanden zu siezen, den man eigentlich duzt, ist genauso unhöflich wie der umgekehrte Fall.**

## *Namedropping*

In der Schweiz ist es unerlässlich, sich die Namen von anderen zu merken. Die Schweizer sind unfähig, einfach nur „Guten Morgen" zu ihren Nachbarn zu sagen, es muss auch der Name der Nachbarn noch hinzugefügt werden. Hat man den Namen vergessen, muss man im Haus bleiben, bis er einem wieder einfällt.

Auch beim Telefonieren spielen Namen eine Rolle. Es gilt als unhöflich, sich lediglich mit einem „Hallo“ zu melden. Man meldet sich stets mit dem Nachnamen, und am Ende des Gesprächs ist es auch nicht mit einem bloßen „Auf Wiederhören“ getan, sondern der Name des Gesprächspartners ist unbedingt anzuschließen.

Auch der Anrufer stellt sich immer mit Namen vor, egal ob es sich um ein privates oder ein geschäftliches Gespräch handelt. Wenn man sich also bei der Bahn nach Fahrplänen erkundigen will oder anderweitige Telefonauskünfte benötigt, nennt man als Erstes seinen Namen, bevor man sein Anliegen vorträgt. Sinn der Übung ist es, zu kontrollieren, ob die Gegenseite sich am Ende des Gesprächs noch an den Namen des Anrufers erinnert.

## *Achte auf deine Manieren*

Kratzt man jedoch an dieser förmlichen Fassade, kommt die klassenlose Schweizer Gesellschaft mit bäuerlichem Hintergrund zum Vorschein – und tendenziell die dazu passenden Verhaltensweisen. Erwarten Sie nicht, dass die Schweizer sich jemals hinten anstellen. Die Sitte des Schlangestehens ist unbekannt, das kann jeder bezeugen, der schon einmal das Gedränge und Geschiebe vor einem Skilift erlebt hat.

**›› Erwarten Sie nicht, dass die Schweizer sich jemals hinten anstellen.**

In den Großstädten lässt sich beobachten, wie Fußgänger sich gegenseitig anrempeln und sich nicht darum kümmern, ob der Hintermann die Tür ins Gesicht bekommt, die man gerade zufallen lässt. Fährt der Bus an der Haltestelle vor, beißen den Letzten die Hunde, und die Aussteigenden müssen sich durch ein brodelndes Meer von Menschenleibern schlagen, die mit Hingabe um die besten Plätze im Bus kämpfen. Rolltreppen sind Schauplätze eines ähnlichen Phänomens. Schweizer Stadtbewohner verbringen einen Großteil ihrer Zeit damit, hierhin und dorthin zu eilen. Sobald sie aber ihren Fuß auf eine Rolltreppe gesetzt haben, gönnen sie sich einen Augenblick der Ruhe. Anstatt zur Seite zu treten und Platz zu machen, bilden sie einen undurchdringlichen und bewegungslosen Wall, der alle anderen zwingt, den Augenblick der Ruhe zu teilen.

Lautes Husten, Ausspucken und die verblüffende Technik des Trompetens beim Naseschnäuzen – alles gang und gäbe im öffentlichen Raum. Das Spucken ist am unangenehmsten, vor allem im Winter, wenn Temperaturen unter Null dafür sorgen, dass die Spucke in einem eisigen Zustand verharrt, bis im Frühling der Tauprozess einsetzt.

Auch die Tischmanieren sind als eher robust zu bezeichnen, mit der bemerkenswerten Ausnahme des Weintrinkens. In Gesellschaft würde es kein Schweizer wagen, an seinem Wein zu nippen, bevor nicht die entsprechenden Formalitäten der Begrüßung abgehakt sind. Dazu die Initiative zu ergreifen, ist jedoch allein dem Gastgeber vorbehalten. Es kann vorkommen, dass ein Großteil des Essens bereits verspeist ist, bevor dem Gastgeber endlich einfällt, sein Glas zu erheben und den erlösenden Trink-

**» Die Tischmanieren sind als eher robust zu bezeichnen.**

spruch auszubringen. An diesem Punkt bricht die Konversation abrupt ab und alle Gäste greifen ihrerseits zu den Gläsern. Dann zeigen sie gegenseitig ihre Wertschätzung, indem sie einander in die Augen schauen, „Zum Wohl“ sagen und natürlich das Gegenüber beim Namen nennen. Gleichzeitig stößt man miteinander an, um zu prüfen, ob der Gastgeber auch echte Kristallgläser hingestellt hat. Je mehr Gäste am Tisch, desto langwieriger ist diese Prozedur – vier Personen erfordern sechsmaliges Anstoßen. Sechs Personen erzeugen fünfzehnmal Gläserklirren, und eine Gesellschaft von fünfzehn Personen bedeutet, dass nur die strapazierfähigsten Gläser das Mahl überstehen, von den Weintrinkern ganz zu schweigen.

Ganz besonders stören sich die Schweizer an Essensresten zwischen den Zähnen. Dafür ist schwerlich das schweizerische Zahnarztwesen verantwortlich zu machen und auch nicht die ballaststoffreiche Kost. Es ist einfach der unbezähmbare Wunsch, alles aus dem Mundraum zu entfernen, was zum Zahnverfall führen könnte. So kommen nach jeder Mahlzeit Zahnstocher ausgiebig zum Einsatz. Im Anschluss an ein Geschäftsessen kann man die Teilnehmer zähneputzend in der Toilette antreffen. Und wo weder Stocher noch Bürste zur Verfügung stehen, reinigt der Schweizer seine Zähne durch intensives Saugen. Das ist der Hintergrund der Kussgeräusche, die man

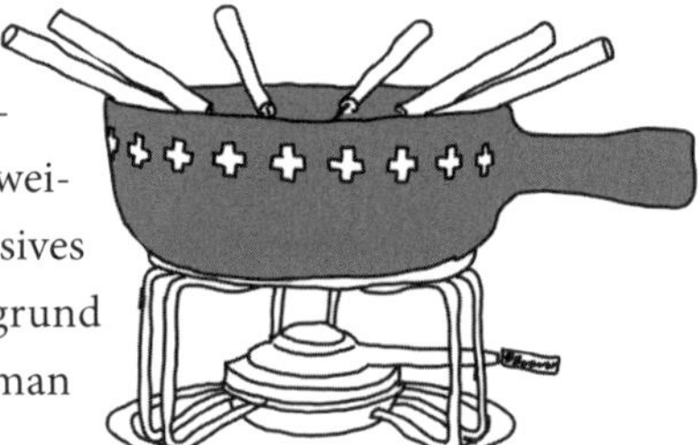

überall in der Schweiz hören kann, auch wenn die Essenszeit schon längst vorbei ist.

Es ist unhöflich, zu früh, und unverzeihlich, zu spät zu kommen. Gelöst wird dieses Problem, indem man lieber etwas überpünktlich ist als um ein paar unentschuldbare Minuten überfällig.

**» Es ist unhöflich, zu früh, und unverzeihlich, zu spät zu kommen.**

Wenn der Abend zu Ende geht, kann sich das Abschiednehmen ziemlich in die Länge ziehen, weil keine Seite sich unhöflich zeigen möchte, indem sie zum Aufbruch drängt. Ein Schweizer Abschied durchläuft mehrere Stadien, die sich oftmals über fast eine Stunde erstrecken, angefangen mit der noch im Sitzen geäußerten Erklärung, es sei jetzt leider Zeit zu gehen, gefolgt von verschiedenen Phasen des geselligen Beisammenstehens, zum Teil ohne, zum Teil bereits mit Mantel. Die lebhafteste Unterhaltung des ganzen Abends kommt gern zwischen Tür und Angel oder sogar erst draußen auf der Straße in Gang.

## *Die lieben Kleinen*

Traditionell sind Kinder nach der viktorianischen Maxime aufgezogen worden, wonach man sie sehen, aber nicht hören können soll. Die Erziehung in der Schweiz ist eher autoritär, und man erwartet von den Kindern nicht, dass sie das, was man sie lehrt, in Frage stellen. Und doch ist die Schweizer Jugend, wahrscheinlich in Reaktion auf die Arbeitswut ihrer Eltern und die Etabliertheit des Establishments, eine der radikalsten in ganz Europa. Sie kann es sich auch leisten: Es wird geschätzt, dass sich das an Schweizer Kinder ausgezahlte Taschengeld etwa in der gleichen Größenordnung bewegt wie das Bruttosozialprodukt einiger kleinerer afrikanischer Staaten.

# Obsessionen

## *Luftnummern*

Die Schweizer pflegen zahlreiche Obsessionen. Eine der stärksten betrifft ihre Beschäftigung mit der Luft.

Unkontrollierte Luftbewegungen in Form von Zugluft in geschlossenen Räumen sind besonders verhasst. Die Schweizer befürchten, schon der flüchtigste Luftzug könne Auslöser für alle der Menschheit bekannten Krankheiten sein. Daher werden schon beim Bau von Häusern und Wohnungen große Anstrengungen unternommen, jegliches Eindringen von Zugluft von Vornherein unmöglich zu machen. Allerdings scheint diese Phobie jeden Morgen plötzlich vergessen, denn dann werden die Fenster weit aufgerissen, um die Betten nach draußen zu hängen.

**» Die Schweizer befürchten, schon der flüchtigste Luftzug könne Auslöser für alle der Menschheit bekannten Krankheiten sein.**

Davon abgesehen hat die Sorge um die Luftqualität geradezu manische Züge angenommen. Die Zeitungen veröffentlichen tagtäglich die neuesten Messungen zum Ozon-,

Schwefeldioxid- und Stickstoffdioxidgehalt in der Luft. Der Grad der Luftverschmutzung hat in der politischen Debatte eine ebenso hohe Bedeutung wie die Arbeitslosenquote. Der Ausgang von Wahlen entscheidet sich am Geschick der Politiker, mit dem Thema Luft umzugehen.

Die Schweiz war das erste Land in Europa, in dem Katalysatoren Pflicht wurden, und ist heute der drittgrößte Markt in Europa für Autos der Marke *Tesla*. Zum Missvergnügen der Werkstattbetreiber (oder, wie der Schweizer sagt: *Garagisten)*, die an den jährlichen oder zweijährlichen Abgasuntersuchungen immer gut verdient haben, sind Fahrzeuge mit moderner Motorsteuerung von dieser Pflicht ausgenommen – und das ist die deutliche Mehrheit aller Fahrzeuge auf Schweizer Straßen. Alle Zentralheizungsboiler werden regelmäßig auf giftige Gase hin überprüft, und sobald sie die strengen Grenzwerte nicht mehr einhalten, müssen sie auf Kosten der Eigentümer ersetzt werden.

**›› Der Ausgang von Wahlen entscheidet sich am Geschick der Politiker, mit dem Thema Luft umzugehen.**

Ironischerweise sind die Schweizer gleichzeitig starke Raucher, und die Einführung von Rauchverboten im öffentlichen Raum stößt auf große Widerstände. Die renommierte Zeitung „Der Tagesanzeiger“ hat sogar den Weltnichtrauchertag sarkastisch als Rauchertag bezeichnet.

## *Kontrolle ist besser*

Das Verlangen der Schweizer, alles und jeden im Lande zu kontrollieren, ist unstillbar. Dies teilen sie mit den deutschen

Nachbarn: Wer den Wohnort wechselt, muss sich im zuständigen Gemeindeamt als Neubürger eintragen lassen. Wenn er später woanders hinzieht, wird er wieder ausgetragen.

Auch die Natur muss sich der fixen Idee fügen: Den Flüssen ist es untersagt, sich träge durch die Landschaft zu schlängeln und auch mal, wenn es ihnen grad passt, über die Ufer zu treten. Schweizer Flüsse fließen gerade und ordentlich zwischen Betonböschungen dahin und würden es niemals wagen, die Umgebung zu überschwemmen. In vielen Städten und Dörfern werden Flussläufe und Bäche unterirdisch durch Rohre geführt, um den Platz über der Erde optimal auszunutzen. Inzwischen gibt es den Trend, diese Bäche wieder an die Oberfläche zu holen, doch fließen müssen sie nach wie vor in künstlichen Betten statt in ihren eigenen. Bergalmen werden durch aufwendige Kanalisationssysteme trockengelegt und sind in der Folge mit Gullydeckeln übersät.

Die Reinlichkeit der Schweizer kann absurde Formen annehmen. Man denke an die Beschäftigten, deren Aufgabe es ist, ausgespucktes Kaugummi vom rutschfesten Gummibelag der Bahnsteige (die hier natürlich nicht Bahnsteige heißen, sondern *Perrons)* am Züricher Flughafenbahnhof zu entfernen. Straßen- und Autobahnschilder werden nicht nur regelmäßig gesäubert, sondern bereits beim ersten kleinen Anzeichen von Rostbildung durch identische neue Schilder ersetzt. Die männliche Bevölkerung von Luzern und Kriens verabreicht ihrem heimischen Berg, dem Pilatus, an jedem dritten Junisamstag einen Frühjahrs-

**›› Die Reinlichkeit der Schweizer kann absurde Formen annehmen.**

putz, indem sie Müll aufsammelt und die Wege ausbessert.

Dass man als Wohnungsmieter in regelmäßigen Abständen die Treppe im Hausflur wischen muss (für gewöhnlich im Mietvertrag festgehalten), erscheint dagegen vergleichsweise trivial.

## *No Business Like Snow Business*

Angesichts der Schweizer Winter und der schweizerischen Manie, innerhalb der eigenen Grenzen alles unter Kontrolle zu behalten, hat es der Schnee nicht ganz leicht. Kaum sind die ersten Flocken gesichtet worden, werden schon Legionen von Pflügen in Bewegung gesetzt, um den Schnee durch die Gegend zu schieben und zu blasen und jedenfalls nicht einfach liegen zu lassen. Bauern montieren Pflüge an ihre Traktoren, städtische Arbeiter navigieren hochmoderne Schneeräummaschinen, und eine ganze Armada von Spezialfahrzeugen wird auf Autobahnen, Landstraßen und Fußwege losgelassen, um den weißen Eindringling zurückzuschlagen.

Straßen, Gehsteige, Bus- und Straßenbahnhaltestellen werden rigoros von Schnee und Eis befreit. Große Lastwagen schaffen das anstößige Material auf Nimmerwiedersehen davon. Nach nächtlichem Schneefall kann man Hausbesitzer noch vor Morgengrauen beim Räumen ihrer Zuwege beobachten. Züge verkehren weiterhin nach Fahrplan, Flugzeuge landen und starten wie vorgesehen, und die Beschäftigten erreichen ihre Werkbänke und Büroschreibtische ohne Verspätung –

**›› Straßen, Gehsteige, Bus- und Straßenbahnhaltestellen werden rigoros von Schnee und Eis befreit.**

das alles unter äußeren Bedingungen, die Städte wie London, Paris oder Berlin auf Tage lahmlegen würden.

## Vom Winde verweht

Der Wind ist etwas, das die Schweizer bisher noch nicht unter Kontrolle gebracht haben, schon gar nicht jenes bemerkenswerte alpenländische Phänomen, das unter dem Namen Föhn bekannt ist. Das ist ein Wind, der vom Mittelmeer her über die Alpen weht. Damit, dass das Wort Föhn außerdem ein Gerät zum Haaretrocknen bezeichnet, ist der Charakter des Windes schon gut beschrieben. Er bläst warme Luft heran, ist oft recht kurzlebig und schaltet sich ein und aus, genau wie sein Namensvetter.

Es wäre freilich ein Irrtum zu glauben, der Föhn sei genau das, was die Nordschweiz an einem kalten, trüben Wintertag gebrauchen könnte. Weit gefehlt, dieser Wind ist ein Fluch, und wenn er weht, kriegen die Leute Kopfschmerzen, die Selbstmordrate steigt, Autofahrer bauen Unfälle, und die sonst so fügsamen Schweizer drehen komplett durch. Andere Nationen mögen ihre Regierung und die Politiker für alle Missstände verantwortlich machen, die Schweizer haben dafür den Föhn.

## Alles für die Umwelt

Nachdem sie den höchsten Lebensstandard der Welt errungen hatten, wandten die Schweizer ihre kollektive Aufmerksamkeit schon in den 1970er Jahren der Umwelt zu.

Etwa eine halbe Million Menschen lebt im größten Ballungsraum des Landes rund um den Zürichsee. Wie alle stehenden Gewässer könnte auch dieser See eine große Kloake sein. Aber nein, sein Wasser ist sauber, er dient als wichtiges Trinkwasserreservoir, und im Sommer ist es ein Vergnügen, in ihm zu schwimmen.

Recycelt wird alles, was recycelbar ist – Aluminium, Glas, Batterien, Konservendosen, Mobiltelefone, sogar Toilettenpapier. Man kann auch sein Bratfett nicht einfach in den Ausguss schütten; all diese potenziellen Schadstoffe werden zu speziellen Sammelstellen befördert, wo man sie fachgerecht behandelt und entsorgt.

Um Hersteller zu veranlassen, weniger Pappe und Papier zu verwenden, werden Kunden aufgefordert, das Verpackungsmaterial in den Geschäften zurückzulassen. Für einige Jahre war die Milch vorwiegend in kalten, feuchten, labberigen Plastiktüten erhältlich, um die Bäume zu retten, die für Getränkekartons dran glauben müssen, aber da die Tüten im Kühlschrank allzu oft nicht dicht hielten, war diese Idee bald wieder gestorben. Tragetaschen aus Papier und Plastik werden, versteht sich, viele Male wiederverwendet.

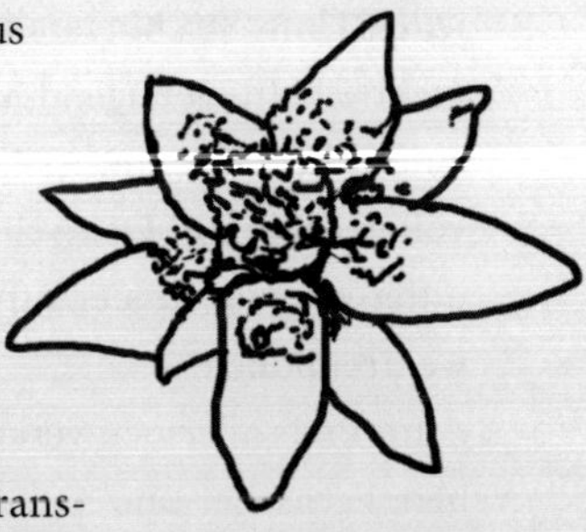

Die Schweizer Bürger sind gezwungen, sich genau zu überlegen, was sie wegwerfen. In den meisten Regionen wird der Abfall nur abtransportiert, wenn er in amtlich zugelassenen Müllsäcken oder Beuteln mit einem entsprechenden Aufkleber an den Straßenrand gestellt wird. Müllsäcke und Aufkleber kosten ein Vielfaches im Vergleich zu den Standardbeuteln – ein Umstand, der zu dem Phänomen des „Mülltourismus" geführt hat, der darin besteht, dass man seinen Müll in eine andere Gemeinde bringt, deren Bestimmungen weniger streng sind als die der eigenen. Dies erklärt, warum Abfallbehälter im öffentlichen Raum mit der Aufschrift „Nicht für Haushaltsabfälle" versehen sind und warum sie oft eine verschließbare Abdeckung mit einer kleinen Öffnung haben, durch die man nur sehr kleine Stücke Müll werfen kann.

Die Schweizer haben ganz groß in kommunale Verbrennungsanlagen investiert, die dank topmoderner Filtersysteme nicht nur Haushaltsmüll sauber verbrennen, sondern auch heißes Wasser erzeugen, das durch hochisolierte Rohre geleitet wird und viele Wohnungen mit Fernwärme versorgt. Die einzige Kehrseite dieses Traums eines jeden Umweltschützers besteht darin, dass die Schweiz es nicht schafft, genügend Müll für ihre Verbrennungsanlagen zu produzieren, und sich gezwungen sieht, Lkw-Ladungen voller Müll aus Deutschland und Italien zu importieren, unter großem Kostenaufwand – und nicht unbedingt umweltfreundlich.

**›› Die Schweiz schafft es nicht, genügend Müll für ihre Verbrennungsanlagen zu produzieren.**

Im Preis aller neu verkauften Kühlschränke, Tiefkühltruhen, Fernseher und anderer elektrischer Haushaltsgeräte ist per Gesetz eine „Entsorgungsgebühr" enthalten. Damit wird die sachgerechte Weiterbehandlung der Altgeräte finanziert, die von jedem Einzelhändler entgegengenommen werden müssen, auch wenn sie nicht bei ihm gekauft wurden.

Das ultimative Beispiel für konsequentes Recycling ist das von Gräbern. Die Schweiz ist ein kleines Land, Grund und Boden ist begrenzt und teuer, daher muss der durchschnittliche Schweizer Leichnam nach 25 Jahren unter der Erde damit rechnen, dass er der Kompostierung zugeführt wird, damit die kostbare Grabstelle von jemandem wiederverwendet werden kann, der sie dringender benötigt.

## *Aus der Haut gefahren*

Die Schweizer pflegen eine Hassliebe zum Auto an sich. Einerseits besitzen sie mehr Ferraris pro Kopf als alle anderen Länder auf der Welt, andererseits geben sich viele Schweizer ausgesprochen autofeindlich.

**» Anwohnern werden Hunderte von Franken pro Jahr für die bloße Erlaubnis berechnet, auf der Straße zu parken, ohne dass ihnen ein freier Platz garantiert ist.**

Autos und ihre Fahrer mussten in den vergangenen Jahren manche Schlappe einstecken. Städte haben die Anzahl der Parkflächen reduziert, Ampeln sind so eingestellt, dass nur ein halbes Dutzend Fahrzeuge sie während einer Grünphase passieren kann – und wartende Autofahrer sind gut beraten, in der Zwischenzeit den Motor abzuschalten, falls sie kein Bußgeld riskieren wollen. Anwohnern werden Hunderte von Franken pro Jahr für die bloße Erlaubnis berechnet, auf der Straße zu parken, ohne dass ihnen ein freier Platz garantiert ist. Die konsequent durchgesetzten Tempolimits wurden gesenkt, der Benzinpreis dafür um 20 % erhöht. Sogar das Autobahnnetz wurde 25 Jahre lang nicht weiter ausgebaut, weil die Lobby der Autogegner argumentierte: Mehr Straßen, mehr Verkehr. Als Reaktion darauf wurde eine Partei gegründet, die die Interessen der unterdrückten Autojünger zu vertreten versprach und sich den höchst originellen Namen „Auto-Partei" gab. Zwar blieb unklar, wie die Autos ihre Stimme abgeben sollten, doch traf die Partei offenbar einen Nerv und konnte auf Anhieb sieben Sitze im Schweizer Parlament ergattern. Mittlerweile ist sie allerdings in der Bedeutungslosigkeit versunken.

## *Glückwunsch zum Geburtsdatum*

In den meisten Gesellschaften ist das Geburtsdatum eher etwas, was man für sich behält. In der Schweiz jedoch ist die Angabe des Geburtsdatums für alles und jedes erforderlich. Niemand braucht sich einzubilden, er könne irgendeinen Wettbewerb gewinnen, ohne dass die Juroren sein Geburtsdatum kennen. Ob es darum geht, die Steuererklärung auszufüllen oder in ein Hotel einzuchecken, so oder so sieht man sich mehrmals am Tag gezwungen zu verraten, wann man geboren wurde.

## *Die Fahne hissen*

Es gibt wenige Völker auf der Welt, die so oft und so begeistert Flagge zeigen wie die Schweizer. Wer die Grenze passiert hat, wird nicht darüber im Zweifel gelassen, dass er sich tatsächlich auf Schweizer Boden befindet – überall flattern die Landesfahnen im Wind. Die Flagge gleicht in vieler Hinsicht der Nation und der Schriftart Helvetica, die sie der Welt geschenkt hat – schlicht, aber markant. Das weiße Kreuz vor rotem Hintergrund ist sauber, klar und knackig, und die Flagge ist wie keine andere auf der Welt – nämlich quadratisch wie ein Schweizer Schädel.

Ob vor einer Fabrik oder im Schrebergarten, vor einem Hotel oder am Ferienhaus, es braucht keinen besonderen Grund, um das Schweizer Kreuz hochzuziehen. Und es gibt nicht nur die Schweizer Flagge, die man hissen kann, jeder Kanton hat auch seine eigene. Restaurantbetreiber in den Bergen hissen mehrere Flaggen gleichzeitig, um potenziellen Gästen, die den Hang hinaufgekeucht kommen, anzuzeigen, dass geöffnet ist.

**›› Die Schweizer Flagge ist wie keine andere auf der Welt – nämlich quadratisch wie ein Schweizer Schädel.**

## *Qualität kommt von Qual*

Schon vor langer Zeit haben die Schweizer jede Hoffnung aufgegeben, irgendetwas billig produzieren zu können, und sich ihre Marktnische stattdessen am entgegengesetzten Ende des Spektrums gesucht. Natürlich lassen sich teure Produkte nur verkaufen, wenn sie von höchster Qualität sind, und die Schweiz ist das Synonym für Qualität; eben dies hat sich zu einer weiteren Obsession ausgewachsen. Schweizerische Häuser können sich nicht mit modernen Plastikdachtraufen begnügen wie der Rest der Welt und schon gar nicht mit solchen wie in den USA. Schweizer Dachtraufen und Abflussrohre werden aus Kupfer von bester Qualität hergestellt, sind, wie die meisten Dinge Schweizer Machart, stabil wie ein Panzer und darauf ausgerichtet, mindestens tausend Jahre zu halten.

Beton, am besten mit Stahl bewehrt und meterdick, gehört zu den bevorzugten Baumaterialien in der Schweiz. Ob es sich um Kirchen handelt, Gartenmauern, Bergtunnel oder Autobahnüberführungen, immer kommt der Beton so verschwenderisch zum Einsatz, dass man vermuten muss, die Schweizer fänden das schön.

Alle Schweizer Städte und Dörfer befinden sich in einem permanenten Stadium der Erneuerung. Kräne beherrschen die Szenerie, da ein Gebäude nach dem anderen generalüberholt werden muss. Aus dem Gebäudeinneren wird alles herausgerissen, bis nur noch die Hülle übrig ist. Neue Dächer, Fußböden, Dreifachverglasung, Klimaanlage, Wasser- und Stromversorgung, Glasfaserkabel und Luxusausstattung aller Art werden neu installiert. Was am Ende dabei herauskommt, ähnelt auf unheimliche Weise dem, was da war, bevor die Arbeiten begannen. Es ist ein endloser Prozess. Sobald das eine Gebäude fertig ist, nehmen die Arbeiter das nächste in Angriff. Nach 20 Jahren fängt alles wieder von vorne an.

**» Beton kommt so verschwenderisch zum Einsatz, dass man vermuten muss, die Schweizer fänden das schön.**

In weniger anspruchsvollen Ländern besteht eine Bushaltestelle aus einer Stange im Boden mit einem Schild am oberen Ende. In der Schweiz sind Bushaltestellen millionenschwere Angelegenheiten inklusive Stromversorgung für die computergesteuerten Fahrkartenautomaten. Das Straßenpflaster in der unmittelbaren Umgebung muss abgetragen und durch ein spezielles Material ersetzt werden, auf dem sich kein Regenwasser sammeln kann, damit die an der Haltestelle Wartenden nicht von vorbeifahrenden Autos bespritzt werden. Selbstverständlich beschränkt sich die Beschilderung nicht auf so simple Angaben wie „Bushaltestelle", sondern jede Haltestelle wird mit ihrem eigenen Namen ausgezeichnet. Nachdem jede Menge Beton ausgegossen worden ist, wird schließlich noch eine Sitzbank installiert und als Zugabe ein vorschriftsmäßiger Abfallbehälter für entwertete Fahrkarten (aber definitiv nicht für Haushaltsabfälle).

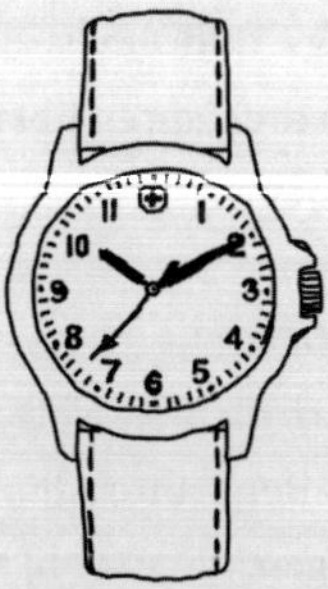

# Systeme

Grundlage für die andauernde Erfolgsgeschichte der Schweiz ist die Entwicklung und hingebungsvolle Pflege ihrer zahlreichen Systeme. Nicht zufrieden damit, dass die Menschen so fleißig und gut arbeiten wie möglich, bestehen die Schweizer darauf, dass auch alle unbelebten Gegenstände perfekt funktionieren, und genau das tun sie.

Kein Schweizer würde auch nur im Traum daran denken, sich auf eine Unternehmung einzulassen, sei sie geschäftlicher oder privater Natur, ohne sich vorher die einschlägigen Unterlagen besorgt zu haben. Diese Unterlagen dienen dann dazu, alle anderen Beteiligten, ob Mensch oder Maschine, so sehr zu beeindrucken, dass ein reibungsloser Ablauf des Vorhabens gewährleistet ist. Beispielsweise würde kein schweizerisches Auto, das nach gründlichster Vorbereitung die wahnsinnig sorgfältige und gewissenhafte Inspektion für Fahrzeuge im Alter ab drei Jahren überstanden hat, es wagen, einfach liegen zu bleiben.

**» Die Schweizer bestehen darauf, dass auch alle unbelebten Gegenstände perfekt funktionieren.**

## *Öffentlicher Verkehr*

Das Land ist mit einem dichten Netz von Bahn-, Bus-, Straßenbahn-, Seilbahn-, Bergzahnradbahn- und Dampfschiffverbindungen überzogen, die sowohl staatlich als auch privat betrieben werden und perfekt aufeinander abgestimmt sind. Man kann durchgehende Fahrscheine kaufen, die einen von einer Ecke des Landes zur anderen oder von einem Berggipfel zum nächsten bringen, die Anschlüsse klappen zuverlässig, und Verspätungen sind, wenn sie überhaupt vorkommen, minimal.

Der öffentliche Verkehr ist mehr als ein System und hätte ebensogut im Kapitel „Obsessionen" behandelt werden können. Wenn Mitte Dezember die neuen Fahrpläne in Kraft treten, ist das allemal eine Schlagzeile wert, so wichtig nehmen die Schweizer ihre Öffis.

Die Frage, ob die öffentlichen Verkehrsmittel denn auch sauber, verlässlich und pünktlich seien, dürfte sich erübrigen: Die meisten Züge sind auf die Minute pünktlich, und 96,8 % haben weniger als fünf Minuten Verspätung.

Viel Geld wurde und wird investiert für neue Schienenfahrzeuge, Fahrstrecken, Tunnel und die allerneueste Technologie. Kommen dann noch ein paar althergebrachte Zutaten wie etwa harte Arbeit hinzu, hat man das Patentrezept für den Erfolg in der Hand. Eine schmutzige Schweizer Bahn ist noch seltener als eine verspätete. Die Schweizer Bundesbahn macht mitunter sogar Gewinn.

**» Eine schmutzige Schweizer Bahn ist noch seltener als eine verspätete.**

Das Bahnabteil ist einer der wenigen Orte, an dem die Schweizer, die ihre Gefühle normalerweise gut unter Kontrolle haben, auch einmal Anzeichen für innere Aufgewühltheit erkennen lassen. Hier kommt es tatsächlich vor, dass die allgemeine Stille durch heftiges Umblättern einer Zeitungsseite zerrissen wird, wenn der betreffende Fahrgast seiner

Ansicht über das soeben Gelesene in nonverbaler Form Ausdruck verleiht. Mobiltelefone, Unterhaltungen und lärmende Kinder sind bereits in Sonderabteile verbannt worden. Jetzt müssen die Schweizer Bahnen nur noch den Zeitungsraschlern irgendwie beikommen, dann haben sie das Paradies auf Schienen geschaffen.

Die Schweizer sahen keinen Grund, Abschied von der Straßenbahn zu nehmen, vielmehr haben sie das Straßenbahnnetz in den größeren Städten immer weiterentwickelt und verfügen heute über Wagen, die so gut wie gar nicht mehr rumpeln. Wie Flugzeugpiloten der Straße machen angehende Straßenbahnfahrer (auch *Tramchauffeure* genannt) ihre ersten Ausbildungsschritte an etliche Millionen Franken teuren Simulatoren, bevor man sie auf die Schienen lässt. Städtische Straßenbahnen folgen einem genauen Zeitplan und sobald eine Bahn auch nur eine Minute zu spät dran zu sein scheint, werden die wartenden Passagiere nervös, nehmen den an der Haltestelle aushängenden Fahrplan noch einmal genau unter die Lupe und blicken wiederholt zur Uhr. Wenn die Bahn dann eintrifft, wird der Tramchauffeur mit vorwurfsvollen Blicken empfangen, und man erwartet von ihm eine plausible Erklärung für seine Trödelei. Züricher Tramchauffeure stehen dermaßen unter Druck, den Zeitplan einzuhalten, dass sie oft einfach Fahrgäste zurücklassen, die klar erkennbar versuchen, die Bahn noch zu erreichen. In Bern, wo es etwas gemächlicher zugeht, ziehen

**» Wenn die Straßenbahn auch nur mit einer Minute Verspätung eintrifft, wird der Fahrer mit vorwurfsvollen Blicken empfangen.**

sich die Fahrer dagegen den Ärger aller anderen Fahrgäste zu, wenn sie auf Nachzügler warten. Hier liegt der wesentliche Unterschied zwischen diesen beiden Städten.

Jedes Jahr gehen Tausende von Gegenständen in den öffentlichen Verkehrsmitteln verloren. Diese wiederzuerlangen, ist kein Problem, sofern einige strenge Bedingungen erfüllt sind: Man muss die Bus-, Straßenbahn- oder Bahnlinie angeben können und auch den Tag und den genauen Zeitpunkt, wann der betreffende Gegenstand abhanden gekommen ist. Der Trick besteht also darin, seine Sachen mit Sorgfalt und Umsicht zu verlieren.

## *Das Gesetz der Straße*

Das Fahren auf Schweizer Autobahnen spiegelt das Schweizer Leben im Allgemeinen. Dem Einzelnen wird kein Spielraum gegeben, sich zu profilieren. Der Verkehr bewegt sich gleichmäßig mit 5 Stundenkilometern oberhalb des Tempolimits (bei 6 km/h wird geblitzt). Wer langsamer fährt, zieht die Kritik der anderen Verkehrsteilnehmer auf sich, und zwar in der Form, dass man dem Provokateur an der Stoßstange klebt, also so dicht auffährt, dass er sich irgendwann genötigt sieht, etwas aufs Gas zu drücken. Für Schweizer Autofahrer liegt die einzige Möglichkeit, ein bisschen Individualität zu zeigen, darin, sich nicht anzuschnallen. Immerhin noch 6 % der Fahrer und 16 % der Passagiere auf der Rückbank schnallen sich in der Stadt nicht an; in den stärker individualistisch orientierten französisch- und italienischsprachigen Gebieten sind es noch mehr. Hier tut sich eine weitere Goldgrube für die Polizei auf, die regelmäßig Autos an den Straßenrand winkt und nicht angeschnallten Insassen eine saftige Geldstrafe auferlegt.

Angesichts zahlreicher Geldstrafen und der ständigen Kontrolle durch andere Verkehrsteilnehmer müssen wir uns den Schweizer Autofahrer als einen höchst unzufriedenen Menschen vorstellen. Trotz strenger Führerscheinprüfungen – die alle paar Jahre erneuert werden müssen und sowohl einen zweistündigen theoretischen Test als auch ausgiebige praktische Fahrprüfungen umfassen – zeigen Schweizer Fahrer keinerlei Geduld und stoßen allzu oft und ohne ersichtlichen Grund zusammen.

**›› Wir müssen uns den Schweizer Autofahrer als einen höchst unzufriedenen Menschen vorstellen.**

Ihr Rachebedürfnis können sie nur an den Fußgängern stillen. Die Straße zu überqueren, ist eine riskante Angelegenheit, trotz zahlreich vorhandener Fußgängerüberwege. In der Schweiz haben alle Straßenüberquerer eins gemeinsam: Sie bewegen sich mit halber Geschwindigkeit und würdigen den Verkehr, der ihretwegen angehalten hat, kaum eines Blickes. Die Behörden haben sogar eine Kampagne gestartet, die dafür warb, Augenkontakt aufzunehmen – in der Annahme, das sei besser als ein direkter Kontakt zwischen Stoßstange und Fußgängerbein. Wenn man allerdings bedenkt, dass sich

60 % aller Unfälle zwischen Fußgängern und Kraftfahrzeugen auf Fußgängerüberwegen ereignen, dann muss man zu dem Schluss kommen, dass es sicherer ist, die Straße einfach an beliebiger anderer Stelle zu überqueren.

Die Nummernschilder von Schweizer Autos (die offiziell „*Kontrollschilder*" heißen) gehören zu einem Halter, nicht zum Auto, und für gewöhnlich begleiten sie ihn durch sein ganzes Leben auf vier Rädern. Die Nummern geben damit zu erkennen, wie alt der Halter ist. Dieses System bietet auch den Rahmen für das Schweizer Gegenstück zum nickenden Hund hinten auf der Hutablage: Kissen mit der aufgestickten Nummer des Halters.

**›› Das Schweizer Gegenstück zum nickenden Hund hinten auf der Hutablage ist ein Kissen mit der aufgestickten Nummer des Halters.**

Natürlich hat jeder Kanton seine eigenen Nummernschilder (die beiden Buchstaben dienen als Kurzzeichen, etwa GE für Genf oder BE für Bern), und nur für den Fall, dass Bewohner des einen Kantons sich für die Herkunft anderer Fahrzeuge interessieren, ist sowohl das Wappen der Schweiz als auch des Kantons abgebildet. Die speziellen Händlerschilder für Überführungsfahrten enthalten den Buchstaben „U". Das dient als Warnung und steht für „unseriös".

## *Bildung*

Die Schweiz ist ein in vieler Hinsicht sehr altmodisches Land. Was man in anderen Ländern schon längst resigniert abgeschrieben hat, etwa ein funktionierendes öffentliches Verkehrssystem oder ein effektives staatliches Bildungswesen, das steht in der Schweiz noch immer in voller Blüte.

Gutsituierte Eltern und sogar führende Politiker schicken ihre Kinder bedenkenlos auf die staatlichen Schulen und nehmen Privatschulen nur dann in Anspruch, wenn mit dem Kind etwas nicht stimmt. Prüfungen legen fest, auf welche weiterführende Schule Kinder nach der Grundschulzeit gehen. Ähnlich wie in Deutschland gibt es Mischformen zwischen den Schultypen und Unterschiede zwischen den Kantonen. Nachdem sich alle Kantone nach langem Zwist schließlich auf einen gemeinsamen Beginn des Schuljahres geeinigt haben, ist nun auch der samstägliche Schulbesuch abgeschafft worden. Aber zum Mittagessen gehen die meisten Schulkinder immer noch nach Hause.

**» Gutsituierte Eltern und sogar führende Politiker schicken ihre Kinder bedenkenlos auf die staatlichen Schulen.**

Nach der Schule kommt die Ausbildung. Alle Schweizer werden in irgendetwas ausgebildet, Hausfrauen eingeschlossen. Der Lehre wird eine hohe Bedeutung beigemessen, und für jeden nur denkbaren Job gibt es auch einen Ausbildungsgang. Wir reden hier nicht von einem sechsmonatigen On-the-Job-Training – sondern von drei bis vier Jahren fleißigem Lernen mit Abschlussprüfung.

Die Lehrer, die übrigens gut verdienen und Respekt genießen, stellen selbst ein gutes Beispiel für das Ausbildungssystem dar. Ein Erzieher im Kindergarten absolviert eine vierjährige Ausbildung und muss zusätzlich zu seinen Fächern in der Regel auch Kinderpsychologie studieren. Ein Friseur geht vier Jahre in die Lehre, ein Lkw-Fahrer drei Jahre. Sogar der Nikolaus muss, bevor man ihn auf die wehrlose Kinderschar loslässt, einen Lehrgang belegen, um zu erfahren, welche seelischen Schäden er bei seiner Klientel auslösen könnte. Es gehört halt mehr dazu, als nur in den roten Mantel zu schlüpfen, sich einen weißen Bart anzukleben und „Ho ho ho" zu rufen.

Jetzt können wir uns auch erklären, warum das Heimwerkertum in der Schweiz nie sonderlichen Anklang gefunden hat. Nicht weil den Schweizern die Zeit dafür fehlte oder sie es nicht nötig hätten, dadurch Geld zu sparen, sondern weil sie es für schlichtweg unmöglich halten, Arbeiten im Haus selbst zu erledigen. Es ist doch völlig klar, dass man das, wofür ein Klempner oder Elektriker vier Jahre Ausbildung benötigt, nicht mal eben mit ungeübten Händen am Wochenende zustande bringen kann. Selbst dem Auswechseln einer Glühbirne nähert man sich daher nur mit gehöriger Skepsis. Das Ergebnis dieser Einstellung ist ein Land mit hohem Ausbildungsniveau auf allen nur denkbaren Ebenen und bis vor kurzem auch einer Jobgarantie für jeden entsprechend qualifizierten Bewerber.

**» Sogar der Nikolaus muss, bevor man ihn auf die wehrlose Kinderschar loslässt, einen Lehrgang belegen.**

Die Universitäten sind mit denen in unbedeutenderen Ländern nicht zu vergleichen. Es ist absolut sinnlos, hier mit ausländischen Papieren anzukommen, auf denen irgendwelche erbrachten Leistungen bescheinigt werden. Sie sind wertlos, und Einlass in die geheiligten Hallen einer Schweizer Universität wird nur dem gewährt, der die erforderlichen Schweizer Qualifikationen erwirbt. Die Schweizer begründen das damit, dass ihre Abschlüsse und Diplome einen weit höheren Standard repräsentierten und daher wertvoller seien als die anderswo verliehenen.

## *Leben in der Armee*

Die Schweizer Armee ist nicht nur berühmt für ihre Taschenmesser, sondern auch dafür, dass jeder körperlich taugliche männliche Schweizer zwischen 19 und 34 ihr für 260 Tage gedient haben muss (heutzutage kann man allerdings alternativ zum Militärdienst auch soziale Dienste ableisten).

Alles andere als ein Land von Pazifisten beharrt die Schweiz geradezu aggressiv auf ihrer Neutralität. Aufgrund des Milizsystems verrichten die allermeisten Soldaten ihre tägliche Arbeit – in der Bank, in der Landwirtschaft usw. –, während zu Hause im Schrank ihre Uniformen hängen und, noch verblüffender, in einer Schublade auf dem Dachboden ihre Schusswaffen liegen. In Schweizer Haushalten gibt es etwa 1,5 Millionen Militärwaffen, was jedes Jahr Hunderte von Todesfällen nach sich zog, bis 2007 eine Gesetzesänderung beschlossen wurde, um dem Blutvergießen Einhalt zu gebieten. Die Munition wird seither in zentralen Depots gelagert.

**›› Die Schweiz beharrt geradezu aggressiv auf ihrer Neutralität.**

Es ist nicht ungewöhnlich, Männer ohne Uniform, aber mit über die Schulter gehängtem Militärgewehr auf dem Fahrrad oder in der Straßenbahn zu erblicken. Sie sind auf dem Weg zur Reserveübung, um den Finger am Abzug geschmeidig zu halten.

Irgendwann haben die Schweizer dann doch den Widerspruch bemerkt, der darin liegt, eine große Armee zu unterhalten, aber seit über 500 Jahren keinen anständigen Krieg mehr geführt zu haben. Daher wurde die Truppenstärke, die höher lag als in den meisten Militärdiktaturen, auf 200.000 reduziert, und es gab noch weitere tiefe Einschnitte. So wurden beispielsweise die Brieftauben und die sogenannte „Fahrradbrigade" abgeschafft.

Die Gegner dieser Entwicklung hatten versucht zu argumentieren, der lange Mangel an Kriegen sei auf die eindrucksvolle Verteidigungsfähigkeit der Schweizer zurückzuführen gewesen. Die Wahrheit aber ist, dass kein machtbewusster Diktator ausgerechnet das Land angreifen würde, in dem er seine geheimen Millionen gebunkert hat.

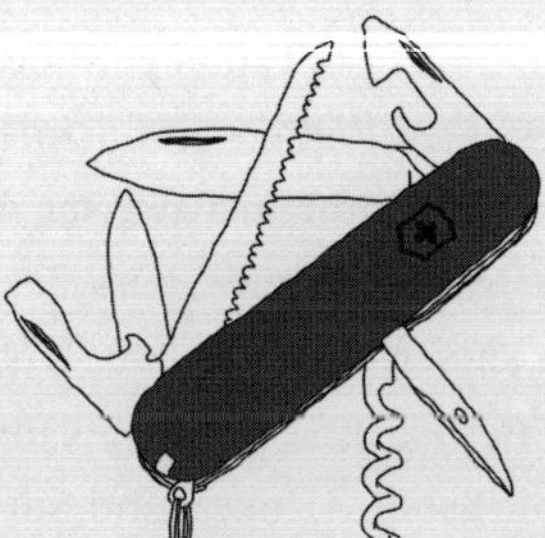

# Freizeit & Vergnügen

Jahrhundertelang glaubten die konservativen Schweizer, die Berge seien nur dazu da, um dort Kühe aufzuziehen und auf Alphörnern zu blasen. Nicht zuletzt dank der unbekümmerten britischen Oberschicht hat sich das im Laufe des 19. Jahrhunderts geändert – und Goethe war natürlich auch da. Noch immer werden Kühe gemolken, und die Alphörner bringen weiterhin ihr melancholisches Tröten zu Gehör, doch ansonsten ertönt inzwischen eine andere Musik in der Postkartenlandschaft.

## *Ski-Chichi*

Die Schweizer selbst haben das Skifahren nie mit dem Fanatismus betrieben wie Besucher aus dem Flachland. Gesunder Menschenverstand, die landestypische Vorsicht und die Tatsache, dass die Berge von jedem beliebigen Punkt in der Schweiz aus in weniger als einer Stunde zu erreichen sind, führen dazu, dass man die Sache lieber mit einer gewissen Nonchalance angeht. Nur bei perfekten Wetter- und Schneeverhältnissen trifft man die Schweizer in nennenswerter Anzahl auf den Pisten an. Überflüssig zu erwähnen, dass sie alle das Skifahren schon vor dem Laufen erlernt haben. Trotzdem verbringen sie, wenn zu Besuch im Wintersportort, mindestens ebenso viel Zeit mit Essen, Trinken und Sonnenbaden wie auf Skiern.

**›› Alle Schweizer haben das Skifahren schon vor dem Laufen erlernt.**

Viel mehr Vergnügen finden sie daran, dass andere Nationen verrückt sind nach diesem Sport und daher bereit, ein Vermögen für den Aufenthalt in Schweizer Skiurlaubsorten auszugeben. Viele Skilifte und Skigebiete gehören Landwirten. Aus diesem Grund sind die Lifte oft nicht miteinander verbunden, und so muss man ein ganzes Stück gehen, um vom Ende des einen zum Anfang des nächsten zu gelangen. Bauer Müller sieht gar nicht ein, warum er seinen Lift auf eigene Kosten verlängern sollte, nur damit die Kunden bequemer zu Bauer Meiers Lift kommen. Die Skifahrer tun daher gut daran, die Lücken im System Schweizer Skilifte als ideale Gelegenheit zu betrachten, durch einen strammen Marsch schon mal die Muskeln aufzuwärmen.

## *Sei gegrüßt, o Wanderer!*

Der kernige Wandersport oder zumindest ein forsches Ausschreiten wird mit besonderer Begeisterung von den zähen Deutschschweizern betrieben. Ihr Teil des Landes erstickt beinahe unter dem dichten Netz von Wanderwegen. Wo zwei Parteien sich auf diesen Wegen begegnen, grüßen sie einander mit einem geheimen Kennwort. Dieses Wort lautet *Grüezi,* in der einen oder anderen Abwandlung. An der Aussprache des Wortes können die Gegrüßten erkennen, woher der Sprecher kommt. Diese Dialektdeutung kann beim Weitergehen zu einer hitzigen Debatte innerhalb einer Wandergruppe führen, die erst endet, wenn die nächsten Wanderer

**» Das Wandern wird mit besonderer Begeisterung von den zähen Deutschschweizern betrieben.**

des Weges kommen und gegrüezit werden müssen. Worauf die Debatte mit frischem Schwung wieder aufgenommen wird.

Die frankophonen Schweizer sind nicht so furchtbar scharf aufs Wandern, und die einzigen Wanderer, denen man in der italienischen Schweiz begegnet, sind Deutschschweizer im Urlaub.

### *Ab in die Sommerfrische*

In den Monaten Juli und August herrscht eine große Leere in den Büros und Werkstätten. Busse und Straßenbahnen verkehren nur noch eingeschränkt, denn sowohl Fahrer wie auch Fahrgäste sind in den Ferien.

Viele Schweizer sind vollauf damit zufrieden, innerhalb der Landesgrenzen zu urlauben. Die Gebirgskulisse ist schwerlich zu übertreffen, man kann sich darauf verlassen, dass das Essen gut ist, die sanitären Einrichtungen makellos, und das Verlassen des eigenen Kantons kommt sowieso mehr oder weniger einer Auslandsreise gleich. Nichtsdestotrotz führen hohe Gehälter und der starke Schweizer Franken fast zwangsläufig dazu, dass die Schweizer fleißige, wenn auch unauffällige Weltenbummler sind. Bevor Sie also Ihr mühsam Erspartes für Ihren absoluten Traumurlaub auf Bali verbrennen, machen Sie sich klar, dass es dort von Schweizer Supermarktangestellten nur so wimmeln wird – die die Reise herrlich günstig fanden.

**›› Die Schweizer sind fleißige, wenn auch unauffällige Weltenbummler.**

## *Wie man ausspannt*

Auf harte Arbeit folgt hartes Vergnügen. Ein so vielfältiges und auf Individualität bedachtes Volk bringt auch vielfältige und individuelle Freizeitbeschäftigungen hervor.

So kann man im Sommer beobachten, wie das Volk in Massen zu den sogenannten Schwingfesten strömt. Beim *Schwingen* handelt es sich um eine Schweizer Abart des Ringens, wo stämmige junge Männer in T-Shirt und sackartigen Shorts über den Hosen versuchen, sich mithilfe bestimmter Schwungtechniken gegenseitig zu Boden zu werfen. In einem winzigen Berner Flecken namens Unspunnen kamen die eigentlich ganz vernünftigen Bewohner, die keine Lust mehr hatten, sich gegenseitig zu Boden zu werfen, auf die Idee, stattdessen mit einem Stein zu ringen, dem *Unspunnenstein.* Zähe und verwegene Burschen wetteifern darum, wer diesen Stein vom Gewicht eines ausgewachsenen Mannes am weitesten werfen kann. Für all jene, die sich lieber keinen Leistenbruch zuziehen möchten, gibt es noch eine andere Art des Schwingens, das sogenannte Fahnenschwingen, bei der man mit einer großen Fahne ringt und die Fahne in der Regel gewinnt.

**» Beim Schwingen handelt es sich um eine Schweizer Abart des Ringens.**

*Hornussen* ist eine Art Golf, mit beweglichen Schlägern gespielt von Männern, denen jeder Sinn für angemessene Golfkleidung vollständig abgeht. Kleine schwarze Plastikscheiben (der sog. *Nouss)* werden von großen, keilförmigen Abschlagpunkten aus weggekeult. Sodann versuchen unerschrockene, wenn nicht geradezu lebensmüde Spieler der Gegenseite, diese Geschosse aufzuhalten, indem sie riesige Schlaghölzer Marke Eigenbau in die Luft schleudern. Diese Hölzer sehen aus wie ein „Vorsicht Stier"-Schild, das man kurzerhand von einer nahen Wiese entwendet hat.

In der Schweiz sind nicht weniger als 29 Zirkusse offiziell registriert, und es gibt kaum einen Ort, der nicht übers Jahr mindestens einen Zirkus zu Gast hat.

Wie alle anderen Europäer sind natürlich auch die Schweizer große Fußballfans. Wer jedoch Energie sparen will, wendet sich dem *Jassen* zu, einem Kartenspiel mit ungewöhnlichen Karten und einem Regelwerk, das nur begreifen kann, wer in der Schweiz geboren oder aufgewachsen ist. So populär ist das Jassen, dass es nicht nur in jeder freien Minute in jeder Ecke eines jeden Restaurants gespielt wird, sondern es gibt sogar eine wöchentlich ausgestrahlte Fernsehsendung, die nur ihm gewidmet ist.

**›› Das Kartenspiel Jassen kann nur begreifen, wer in der Schweiz geboren oder aufgewachsen ist.**

Die Schweizer sind außerdem begeisterte Sammler. So alltägliche Artikel wie die abreißbaren Deckel von Kaffeesahnebehältern mit unterschiedlichen Bildmotiven darauf sind überaus begehrt. Man kann Gäste im Café dabei beobachten, wie sie die Innenseite der Deckel ablecken und zusätzlich noch mit einer Serviette sauberwischen. Da diese spezielle Sammelleidenschaft als sehr *bünzlig* (spießig) gilt, steckt man die Deckel mit der eilfertigen Versicherung in die Tasche, man sammle sie nicht etwa für sich selbst, sondern für den kleinen Neffen. Sammelalben für Kaffeesahnedeckel sind in Schreibwarengeschäften erhältlich, und vollständige Sammlungen von Sonderserien sind auf Auktionen schon für mehrere tausend Franken gehandelt worden.

Als das Land einmal von gefälschten Fünf-Franken-Münzen überschwemmt wurde, gelang es der Polizei lediglich, eine einzige von vielen tausend Fälschungen einzuziehen. Es stellte sich heraus, dass die Schweizer die betreffenden Münzen eifrig sammelten. Schon bald wechselten gefälschte Fünf-Franken-Münzen für bis zu 150 Franken pro Stück den Besitzer.

## *Fernsicht*

Die Schweizer sehen im Durchschnitt viel weniger fern als andere Nationen. Das liegt nicht so sehr an ihrer Intelligenz als viel mehr an der schlechten Qualität ihres Fernsehprogramms. Jedes Land bekommt das Fernsehen, das es verdient, da bildet die Schweiz keine Ausnahme. Der Unterschied besteht darin, dass die Schweiz das der anderen auch bekommt.

**» Jedes Land bekommt das Fernsehen, das es verdient.**

Das hügelige Gelände und die Abneigung gegen Fernsehantennen (in vielen Gegenden ist es verboten, sie auf die Dächer zu montieren) hatten zur Folge, dass sich Kabelfernsehen in der Schweiz besonders schnell ausbreitete.

Das Schweizer Fernsehen, das selbstverständlich sowohl auf Deutsch als auch auf Französisch, Italienisch und zu bestimmten Zeiten sogar Rätoromanisch sendet, legt eine gewisse Neigung zur Ensthaftigkeit an den Tag. Gern wird die beste Sendezeit mit stundenlangen Debatten über das Pro und Contra anstehender Referenden oder mit eher abseitigen Schweizer Sportarten ausgefüllt.

# Essen & Trinken

Das schweizerische Essen ist so vielfältig wie das Land selbst. Fast jede Stadt, jedes Dorf hat seine eigene Spezialität – Kuchen, Torte, Dessert, Wurst, Wein usw. usf. Und falls es bislang noch keine gibt, wird sie schnellstens erfunden, um sie an Touristen zu verkaufen. Essen spielt eine gewichtige Rolle im Schweizer Leben – schon die Zahl der Restaurants ist ein Beleg dafür. Kein Berggipfel verdient seinen Namen ohne einen Restaurantbetrieb, und die Schwierigkeit, im Restaurant noch einen freien Tisch zu finden, veranschaulicht, wie gern man hier außer Haus essen geht.

**›› Die Schweizer frühstücken ungesund früh.**

Die Schweizer frühstücken ungesund früh, was zur Folge hat, dass sie auch früh wieder Hunger kriegen und das zweite Frühstück bereits um 9 Uhr stattfindet. Schon am Vormittag halten sie es dann nicht länger aus und begeben sich zum Mittagessen. Dieses ist eine große Sache in der Schweiz und kann sich über mehr als eine oder gar zwei Stunden hinziehen, selbst an Werktagen. Ab 11 Uhr vormittags grüßt man sich mit Wünschen wie „*Bon appétit*“ oder „*En Guete*“ (gleiche Bedeutung), um den Speichelfluss schon mal in Gang zu bringen. Die meisten Läden schließen über Mittag, die Kinder kommen aus der Schule, und viele Väter schauen kurz aus dem Büro daheim herein, sofern der Weg nicht zu weit ist.

**» Ab 11 Uhr vormittags grüßt man sich mit Wünschen wie „Bon appétit" oder „En Guete".**

Ausgaben fürs Mittagessen können bis zu einem Betrag von etwa 3.200 Franken pro Jahr von der Steuer abgesetzt werden. Auch Spätschichtler kommen rücksichtsvollerweise in den Genuss dieser Regelung, wenn es ihnen auch schwerfallen dürfte, nach 22 Uhr noch irgendwo etwas Warmes serviert zu bekommen.

Da der Tag früh beginnt, ist auch das Abendessen oft schon um halb sieben beendet. Aber was soll's, so können die Schweizer zeitig zu Bett gehen, um dann am nächsten Morgen in aller Herrgottsfrühe wieder herauszuhüpfen.

## Die Heimat des Müsli

*Müsli,* die Erfindung des Schweizers Dr. Bircher-Benner, ist in seinem Heimatland weniger ein leichtes Frühstück als ein sämiger, mit Obst angereicherter Magenfüller, der gern auch zum Lunch eingenommen wird.

Schweizer Mahlzeiten werden mit Sorgfalt und frischem Gemüse zubereitet, um dann langsam und genussvoll verzehrt zu werden. Die meisten Hausfrauen verachten Fertiggerichte, ob tiefgefroren oder aus der Konservendose. In vielen Haushalten gelten Mikrowellen und sogar Wasserkocher als überflüssig. Die Zubereitung und der Verzehr von Fast Food gehen den Schweizern einfach zu schnell.

Die deutschsprachigen Schweizer, die das Wort Rösti – in Butter ausgebackene Kartoffelfladen – in die Welt gesetzt haben, besitzen auch eine Schwäche für *Metzgete*-Gerichte (wörtlich übersetzt: Schlachtung) – diverse Schweineteile, direkt nach dem Schlachten zubereitet, vom Schweinsfuß bis zur prallen Blut- oder Leberwurst.

Die Schweizer sind keine Nation von Tierliebhabern, wie sich auch an den Speisekarten ihrer Restaurants ablesen lässt, die häufig Pferdesteak mit im Angebot haben. In vielen Orten gibt es einen Pferdeschlachter – das einzige Geschäft ohne Schaufenster –, doch trotz aller Zurückhaltung bei der Ausstellung der Ware ist die Beliebtheit von Pferdefleisch ungebrochen.

**» Die Zubereitung und der Verzehr von Fast Food gehen den Schweizern einfach zu schnell.**

Die Speisekarte passt sich der Jahreszeit an, und im Herbst ist die Zeit der Wildgerichte gekommen. Zum Beispiel Rehbraten mit Maronen, Rotkohl und Spätzli, alles heruntergespült mit einem Gläschen *Sauser*, einem jungen, erst teilweise vergorenen Wein, der rot ist, sprudelig und gut für Durchfall – für, nicht gegen.

## *Getränke*

Die Schweizer vertragen Alkohol gut und werden im schlimmsten Falle redselig, aber oft nicht einmal das. Alkoholische Getränke sind frei verfügbar, und an Imbissbuden kann man zu seinem Würstchen auch kaltes Bier trinken. Bier vom Fass (das von Dutzenden lokaler Brauereien hergestellt wird, aber überall im Land gleich schmeckt) ist oft billiger als Mineralwasser.

Mineralwasser ist ein anschauliches Beispiel dafür, wie die Schweiz funktioniert. Als Auswärtiger käme man schnell in Verlegenheit, wenn man ein Schweizer Mineralwasser benennen sollte. Aber was ist mit *Perrier?* Französisch, meinen Sie? Ja, das Wasser ist französisch. Aber das Entscheidende, die Aktien, die sind schweizerisch.

Schweizer Weine haben keinen besonderen Ruf in der Welt, nicht zuletzt deshalb, weil sie das Land kaum verlassen, da die Schweizer alles selbst austrinken. Spirituosen, von lokalen Schnäpsen abgesehen, sind nicht so gefragt und vor allem teuer. Wenn allerdings doch einmal Whisky oder Gin ausgeschenkt wird, dann durchaus großzügig bemessen und für gewöhnlich von einer herrlichen Aussicht begleitet.

> **» Wenn Whisky ausgeschenkt wird, dann für gewöhnlich von einer herrlichen Aussicht begleitet.**

Bei den alkoholfreien Getränken besitzt die Schweiz ihre eigenen Spezialitäten. Was Dr. Bircher mit dem Müsli geschafft hat – etwas zu erfinden, das gesund und gleichzeitig schmackhaft ist –, das ist der Schweizer Getränkefirma *Rivella* mit ihren typisch schweizerischen Softdrinks gelungen. Sie werden aus dem Milchnebenerzeugnis Molke hergestellt und sind keineswegs so unangenehm im Geschmack, wie man vermuten könnte. Eifrig nachgefragt von denjenigen, die sich nicht mehr zur Pepsi-Generation zählen, gibt es Rivella sogar in der zuckerfreien Light-Version.

Das Kaffeekochen beherrschen die Schweizer schon seit Langem und servieren heutzutage einen der besten Kaffees der Welt – kräftig, voll im Geschmack und niemals bitter. Vom Tee lässt sich das Gleiche leider nicht sagen. Es gibt keine Pflanze, keine Blume und kein Kraut, die oder das die Schweizer nicht schon geschnitten und getrocknet hätten, um daraus anschließend irgendeine Art Tee zu brauen. Es gibt Tee für die Leber, Tee fürs Herz, Tee für die Blase, Tee zum Aufwachen und Tee zum Einschlafen.

# Gesundheit

In der Schweiz sind alle Bürger durch die Leistungen der „obligatorischen Krankenpflegeversicherung“ abgesichert – und die Krankenversicherungen dürfen mit der Krankheit ihrer Kunden kein Geld verdienen. Das Versicherungsniveau ist selbstverständlich hervorragend. Ebenso selbstverständlich kann man sich mit Zusatzversicherungen auf jedes bekannte medizinische Problem vorbereiten.

In der Regel kommen die Kassen allerdings nicht für Zahnarztrechnungen auf. Täten sie es, wäre das Geld schon längst ausgegangen. Die zahnärztlichen Honorare sind so beschaffen, dass es billiger kommt, ins Ausland zu fliegen und sich privat behandeln zu lassen, als einem Schweizer Zahnarzt Zugang zur eigenen Mundhöhle zu gewähren. Tatsächlich gibt es sogar Reiseunternehmen, die „*Zahnarztferien*“ in Länder wie Ungarn vermitteln, mit Hin- und Rückflug, Aufenthalt in einem erstklassigen Hotel und entspanntem Shopping zwischen den täglichen Zahnarztterminen – und im Vergleich zu den Schweizer Preisen hat man immer noch mächtig gespart.

**» Das Krankenversicherungsniveau ist selbstverständlich hervorragend.**

Vielleicht wegen dieser Zahnarzturlauber gibt es in der Schweiz deutlich weniger Zahnärzte pro Einwohner als in Deutschland, aber immer noch viel mehr als zum Beispiel in Großbritannien. Wegen der hohen Behandlungskosten pflegen die Schweizer ihre Zähne sehr sorgfältig. Wenn eine einzelne Füllung dem Gegenwert einer festlichen Mahlzeit zu zweit entspricht und eine Krone dem Gegenwert eines Skiurlaubs, wird der eigene Mund zwangsläufig zu einer gewichtigen Geldanlage.

## *Ärzte und Krankenschwestern*

Die Schweiz weist niedrige Werte im Zahlenverhältnis zwischen Patienten und Ärzten bzw. Patienten und Krankenhausbetten auf, sowie, erfreulich für die Ärzte, hohe Werte im Verhältnis zwischen Krankenschwestern und Ärzten. Angesichts solcher Versorgung sind Wartelisten für Operationen unbekannt, und die Lebenserwartung der Schweizer ist überdurchschnittlich hoch – für Männer lag sie zuletzt bei 80,5 Jahren, für Frauen bei 84,8. Das reichte im Jahr 2016 für Platz 9 weltweit. Von den 8 Plätzen davor sind 6 Zwerg- und Stadtstaaten, die anderen beiden Island und Japan (zum Vergleich: Österreich schafft es auf Platz 23, Deutschland immerhin noch auf Platz 33 und die USA auf Platz 43).

Der nordöstliche Kanton Appenzell verfolgt ein bemerkenswert unschweizerisches Konzept, indem er jedermann erlaubt, sich als praktischer Arzt niederzulassen. So ist dieser kleine Winkel des Landes eine Brutstätte für alle nur denkbaren Heilsversprechen, ein Tummelplatz für Kräuterkundler, Gesundbeter und einen nicht zu knappen Anteil von Spinnern.

Eher konventionelle und traditionelle Behandlungmethoden in Form von Heilbädern und Höhenkuranstalten finden sich im ganzen Land. Die Schweizer interessieren sich sehr für medizinische Fragen, umso mehr, wenn exzentrische Millionäre immer wieder bereit sind, einen Haufen Geld auszugeben auf der Suche nach einem Jungbrunnen oder einer Gehirntransplantation.

Während sie sich als Nation wenig um die Folgen des Rauchens oder hoher Cholesterinwerte kümmern, haben sie bemerkenswert häufig mit Lungenentzündungen zu tun. Und wo sie nicht von einer solchen niedergestreckt werden, leiden sie bevorzugt an Kreislaufstörungen. Entweder in der vergleichsweise läppischen Form eines Blutstaus oder gleich der eines ausgewachsenen Kollapses. Jede dieser Beschwerden kann schon für sich allein tödlich sein, aber die Schweizer kaprizieren sich darauf, fast ununterbrochen an wenigstens einer davon, manchmal auch an allen zugleich, zu laborieren.

**» Die Schweizer leiden bevorzugt an Kreislaufstörungen.**

Glücklicherweise müssen sich die Leidenden kaum je einen Tag krankschreiben lassen: Das Geheimnis heißt Tee. Ist das Problem erst einmal diagnostiziert, muss der Patient nur noch die für die Krankheit einschlägige Teesorte auswählen, einige Liter davon trinken und sich ins Bett legen. Und Bingo – schon am nächsten Morgen ist er oder sie wieder auf den Beinen und voller Arbeitseifer.

Die meisten Schweizer über 25 werden regelmäßig vom Hexenschuss geplagt. Die Tücke dieser Hexen besteht darin, dass ihr Angriff immer unerwartet kommt. Abhilfe schafft ein wenig Physiotherapie, bezahlt von der Krankenkasse, und, versteht sich, kannenweise Tee für den Rücken.

Verglichen mit Großbritannien hat die Schweiz 20 % mehr Apotheker pro Einwohner – und sie sind alle sehr gut ausgebildet. Wie in Deutschland sind die Apotheker außerdem gut vor dem rauen Wind des Wettbewerbs geschützt; Supermärkte dürfen nicht einmal verschreibungsfreie Schmerzmittel verkaufen.

## *Hygiene*

Hygiene ist ein Eckpfeiler schweizerischen Lebens. Als *soigné,* gepflegt, zu gelten, ist das wünschenswerteste Attribut, mit dem ein Schweizer sich schmücken kann. Frauen bewerten ihren Verehrer nach dem Grad seiner persönlichen Hygiene und weisen ihn zurück, falls er ihren Ansprüchen nicht genügt.

Seltsamerweise sind in Schweizer Restaurants Hunde erlaubt, während andererseits noch das bescheidenste Esslokal über Toilettenräume verfügt, die nicht nur groß genug sind, sämtliche Gäste selbst dann aufzunehmen, wenn sie alle gleichzeitig ein gewisses Bedürfnis überkommt, sondern auch in allen Bereichen so sauber, dass man sein Mahl buchstäblich vom Fußboden essen könnte.

**» Seltsamerweise sind in Schweizer Restaurants Hunde erlaubt.**

Damit noch nicht zufrieden, haben die Schweizer es sich in den Kopf gesetzt, die althergebrachte Problematik der Klobrillen in öffentlichen Einrichtungen zu lösen. Auf Knopfdruck gleitet eine neue Deckschicht rund um den Sitz, um ihm eine Plastikunterlage zu bescheren, auf der noch niemand gesessen hat. Viele Haushalte können eine schweizerische Toiletteninnovation vorweisen, die einem schier den Atem verschlägt (oder einem die Tränen in die Augen treibt), ein Spül-WC mit Bidet und Warmlufttrockner, eine Kombination, die das Äußerste an Badezimmerluxus darstellt: die patentierte, vollelektronische „Duschtoilette". Fortan besteht keine Notwendigkeit mehr, Toilettenpapier zu benutzen oder sich auch nur die Hände zu waschen.

# Sitten & Bräuche

In der Schweiz wimmelt es von Sitten und Gebräuchen. Viele sind lokal begrenzt und manche schon außerordentlich alt, so zum Beispiel im Nordosten des Landes, wo man noch das julianische Neujahr feiert (ein paar Wochen nach dem Neujahr der übrigen Welt). Dann tritt die normalerweise eher biedere Bürgerschaft zu einer nächtlichen Wanderung über die Felder an und trägt dabei alles Mögliche auf dem Kopf , von der Puppenstube bis zum ausgewachsenen botanischen Garten.

## *Clevere Planung ist alles*

Das schweizerische Jahr folgt einem engen Zeitplan. Mit einem Knall geht es schon am Jahresübergang los, und die Feierlichkeiten – inklusive Feuerwerk, Sekt und Party, Party, Party – sind so heftig und ausdauernd, dass in einigen Kantonen der 2. Januar auch noch ein Feiertag ist.

Die Weihnachtszeit endet am 6. Januar mit dem „Dreikönigstag". Spezielle Kuchen werden verkauft, in deren blassem Teig ein kleiner Plastikkönig versteckt ist. Das Glückskind, welches den König findet und nicht daran erstickt, darf für den Rest des Tages eine Papierkrone tragen und die anderen Familienmitglieder herumkommandieren.

Der Februar bringt soviel Schnee, dass selbst die pingeligen Schweizer sich die Skier unterschnallen, und für die Schulen gibt es zwei Wochen *Sportferien.* In diesen Monat fällt auch die *Fasnacht,* die Karnevalszeit, in der man ausgefallene Kostüme mit Masken oder bemalten Gesichtern trägt. Es wird mächtig gefeiert, viel gegessen und getrunken, satirische Lieder werden gesungen und Sketche aufgeführt. Schweizerische Fasnachtssteilnehmer stehen um 3 Uhr morgens auf, packen sich warm ein und wecken dann alle anderen. Während dieser Zeit können sich die Leute in aller Öffentlichkeit so lächerlich kleiden wie sie nur wollen, und niemand wird auch nur mit der Wimper zucken.

Das Schweizer Arbeitsethos findet seinen perfekten Ausdruck in dem alljährlich begangenen, halbtägigen Züricher Frühlingsfest namens *Sächsilüüte* oder Sechseläuten. Zu diesem Anlass gönnt sich die Stadt sage und schreibe einen freien Montagnachmittag. Nachdem man am Montagvormittag noch wie gewohnt gearbeitet hat, geht es dann kurz nach dem Mittagessen los. Die Zünfte marschieren durch die Stadt und versammeln sich anschließend, um der Verbrennung eines Pappschneemanns beizuwohnen. All das wird veranstaltet, um das Ende des Winters zu feiern und die Tatsache, dass die Tage wieder länger werden und somit die Zunftgenossen auch wieder länger arbeiten können.

**» Zum Sächsilüüte gönnt man sich in Zürich sage und schreibe einen freien Montagnachmittag.**

Der Tag vor Karfreitag wird „Gründonnerstag" genannt, aber, arbeitstechnisch gesehen, wie ein „Samstag" behandelt, d.h. Geschäfte und Büros schließen vorzeitig. Diese „Samstage" treten das ganze Jahr über auf, immer vor Feiertagen. So etwa der Tag vor Christi Himmelfahrt oder auch der Heiligabend, es sei denn, er fällt auf einen Sonntag.

Der Mai läutet einen Wechsel der Garderobe ein. Die Winterklamotten werden ordentlich in mottenfesten Schränken auf dem Dachboden verstaut und dafür leichte, kurzärmelige Sommersachen hervorgeholt. Bevor der Sommer aber richtig loslegen kann, müssen erst die *Eisheiligen* ein letztes Mal Winterluft durchs Land pusten. Erst wenn diese Gefahr gebannt ist, dürfen Geranien in die Balkonkästen gesetzt werden.

Während der Sommermonate gibt es keine Stadt, kein Dorf im ganzen Land, das nicht sein eigenes Fest veranstaltet. Manche haben eine lange Geschichte und dienen besonderen Zwecken wie etwa die *Fêtes des Vendanges* in der frankophonen Schweiz, wo man sich in Umzügen für das Erscheinen des Herbstes und vor allem für die Weinernte bedankt. Andere Festivitäten sind wenig mehr als ein Vorwand das zu tun, was den Schweizern (nach der Arbeit) das Liebste ist: nämlich stundenlang an langen, unbequemen Tapeziertischen zu sitzen, gegrillte Würste zu verschlingen und das Ganze mit Bier oder Wein aus Plastikbechern runterzuspülen.

**›› Während der Sommermonate gibt es kein Dorf im ganzen Land, das nicht sein eigenes Fest veranstaltet.**

Da Sommer und Winter hierzulande noch fest umrissene Jahreszeiten sind, nutzt man die warmen Monate nach Kräften. An den langen Tagen werden rund um die Seen und Stadtteiche öffentliche Freiluftbäder eröffnet. Restaurants blockieren die Gehsteige mit zusätzlichen Tischen und Stühlen. Endgültige Gewissheit darüber, dass eine Schönwetterperiode im Anmarsch ist, verschafft der Beginn der alljährlichen Erneuerungsarbeiten am Autobahnnetz gerade dann, wenn es am meisten beansprucht wird.

Wenn die Schulen zu Beginn der Sommerferien zumachen, macht ein großer Teil der Schweiz ebenfalls zu. Die Sommer im Flachland sind erstaunlich heiß und gewitterträchtig, daher setzen die Einwohner sich ab, sobald sich nur eine Gelegenheit dazu bietet.

Der 1. August ist der Nationalfeiertag (offiziell: *Bundesfeiertag)* der schweizerischen Eidgenossenschaft. Weitere Feuerwerke und Tapeziertische kommen zum Einsatz. Wenn man sieht, wie festlich dieser Tag im ganzen Land begangen wird, ist man verwundert zu hören, dass er bis zum Jahr 1995 nicht in jedem Kanton ein Feiertag war, und auch dann erst nach der obligatorischen Volksabstimmung.

Der Sommer geht für gewöhnlich mit einem gewaltigen Gewitter an einem Sonntagabend Mitte August zu Ende. Die kühleren Tage, die folgen, bieten Gelegenheit, sich mit doppeltem Fleiß wieder der Arbeit zu widmen. Dessen ungeachtet geht die Party auf lokaler Ebene immer weiter, mit Straßenfesten, Klassentreffen oder Vereinsfeiern – für jedes Hobby gibt es einen passenden Verein, und jeder Verein veranstaltet seine Feier.

**›› Für jedes Hobby gibt es einen passenden Verein, und jeder Verein veranstaltet seine Feier.**

Weihnachten ist eine eher besinnliche Angelegenheit in der Schweiz. Die Familien versammeln sich um echte Weihnachtsbäume mit echten Kerzen, und gemeinsam lässt man es ruhig angehen. Mit Befremden sehen die Schweizer auf angelsächsische Weihnachtsbräuche, die von Essen, Trinken und Fernsehen bis zum Abwinken geprägt sind.

Partyhüte und Knallbonbons haben auf einer schweizerischen Weihnachtsfeier nichts zu suchen. Das Hauptgewicht liegt auf dem Abend des 24. Dezember, dem *Heiligabend.* Naturgemäß ist dies ein normaler Arbeitstag, allerdings, dem Anlass entsprechend, auf den Status eines Samstags reduziert. Der Vorteil daran, alle Festivitäten schon am 24. hinter sich zu bringen, liegt darin, dass dann zwei unbelastete Tage folgen, an denen man sich innerlich schon mal wieder auf die Arbeit vorbereiten kann. Wenn etwas die schweizerischen Arbeitsbräuche auf den Punkt bringt, dann die Weihnachtsfeiertage. Fällt Weihnachten oder Neujahr auf ein Wochenende, gibt es in der folgenden Woche keine zusätzlichen freien Tage. Am Montag geht's wieder zur Arbeit – vielleicht hat man ja nächstes Jahr mehr Glück.

Zu all den Feiern im Jahresverlauf gehören jeweils auch spezielle Speisen wie etwa der *Dreikönigskuchen* am 6. Januar oder die *Lebkuchenmänner,* die allerdings keinen Lebkuchen enthalten, am Nikolaustag (6. Dezember). Weihnachten bildet keine Ausnahme, viele Hausfrauen verbringen einen Großteil der Adventszeit damit, Kekse zu backen. Jede hat dabei ihre persönlichen oder bevorzugten Rezepte für mindestens zwölf verschiedene Keksvarianten. Sie fertig im Laden zu kaufen, ist verpönt, lieber investiert frau, als gäbe es nicht auch so

**» Viele Hausfrauen verbringen einen Großteil der Adventszeit damit, Kekse zu backen.**

schon genug zu tun in der Vorweihnachtszeit, etliche Stunden der Vorbereitung und des Backens am heimischen Herd, um nur ja selbstgemachte Kekse vorweisen zu können.

Man sollte meinen, es könne nichts Netteres geben, als nach getaner Backarbeit die Füße hochzulegen und die Früchte seiner Bemühungen zu genießen. Weit gefehlt: Die Kekse sind nicht dazu da, selbst gegessen zu werden. Sondern man packt sie in kleine Dosen und Tütchen, um sie an Freunde zu verschenken. Diese Freunde, die ihrerseits stundenlang in der Küche gewerkelt haben, präsentieren daraufhin ebenfalls ihre Gaben. Das Ergebnis dieses Rundumtausches ist, dass alle Seiten am Ende Kekse im Schrank haben, die sie im Vergleich zu den eigenen für minderwertig halten.

## *Die Musik des Volkes*

Die Schweizer werden stinksauer, wenn man ihre eigene mit der sehr viel weiter verbreiteten Humtata-Musik der Deutschen verwechselt. Schweizerische Volksmusik, bekannt unter dem Namen *Hudigääggeler* (oder Ländlermusik), ist eine spezielle Kombination aus Akkordeon, Klarinette und Kontrabass, gespielt in der Regel von einem Trio, außer wenn sie zu viert sind. Manchmal kommt nämlich noch ein Hackbrett hinzu. Dieses hat Ähnlichkeit mit einer Zither, wird aber nicht gezupft, sondern man schlägt mit ein paar Holzlöffeln auf die Saiten ein.

**» Die Schweizer werden stinksauer, wenn man ihre eigene mit der sehr viel weiter verbreiteten Humtata-Musik der Deutschen verwechselt.**

Die Tatsache, dass nur insgesamt drei Stücke dieser Hudigääggeler-Musik existieren, ändert nichts daran, dass sie im ganzen Land Tag und Nacht zum Besten gegeben wird. Es gibt sogar einen Radiosender, der die drei Lieder 24 Stunden am Tag rauf- und runterspielt. Die Schweizer mögen diese Musik aus einem einzigen Grund: Sie ist nicht ausländisch.

Nicht so bequem mitzuführen wie eine Mundharmonika, dafür aber eine Ecke lauter ist das *Alphorn* (nicht: Alpenhorn). Es ist das schweizerischste Instrument der Welt.

Ebenso wie das Alphorn wurde auch das *Jodeln* ursprünglich als eine Art Telefonleitung für die Bergbauern eingeführt. Inzwischen ist es auch im Flachland populär geworden. Hin und wieder gibt es sogar Jodelgottesdienste. Der Ruf des einsamen Jodlers ist ein melancholischer, hauptsächlich deshalb, weil sich das Jodeln zwar über die ganze Welt verbreitet hat (sogar in Japan gibt es einen Jodelverein), die Schweizer daran aber keinen müden Cent verdienen.

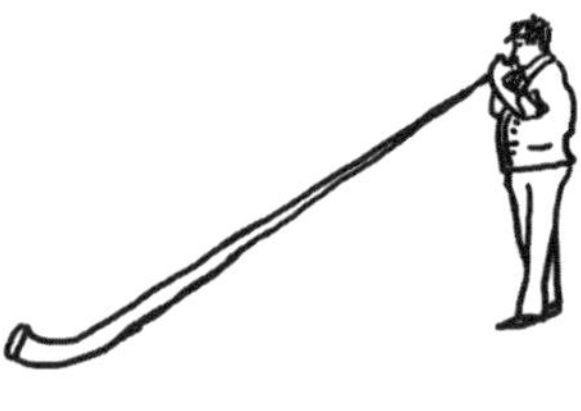

# Regierung & Bürokratie

Die Schweiz ist kein sozialistischer Staat. Die Bürger sind für ihren Auf- oder Abstieg selbst verantwortlich. Man gibt nicht der Regierung die Schuld, wenn irgendetwas schiefläuft. Aufgrund des föderalen Systems sind die Bürger zu nahe an der Regierung dran, um ihr Vorwürfe machen zu können, und wenn der Staat zahlt, dann wissen sie auch, wer den Staat finanziert – nämlich sie selbst.

## *Eine übergeschnappte Demokratie*

Das föderale System erweckt mitunter den Eindruck, die Demokratie sei verrückt geworden. Die Bürger brauchen nur genug Unterschriften zu sammeln, um jede beliebige Frage zur Abstimmung zu bringen. Nur der gesunde Menschenverstand der Schweizer hat unverantwortlichen Forderungen à la „Freibier für alle" bislang einen Riegel vorgeschoben.

Die Schweizer Politik ist nicht so konfrontativ wie etwa in den angelsächsischen Ländern, wo die Rechte alles ablehnt, was die Linke sagt, und umgekehrt. Tatsächlich gibt es im traditionellen Sinne gar keine Opposition. Allerdings gucken sich immer mehr Bürger die Vorschläge der Regierung sehr genau an. Hätte diese ihre Vorstellungen durchgesetzt, wäre die Schweiz Mitglied der EU, würden Soldaten für UN-Missionen bereitstehen, und die Mehrwertsteuer wäre schon Jahre früher eingeführt worden. Aber davor stand jeweils das Volk, das in jedem Quartal seinen Willen per Stimmzettel zu solchen Fragen kundtut.

Die Wahl zum 200 Sitze umfassenden Nationalrat erfolgt seit 1919 nach Annahme einer entsprechenden Volksinitiative auf dem Wege der Proporzwahl. Meist setzt er sich aus vier größeren Parteien zusammen, die 80 % der Sitze auf sich vereinigen und Fraktionen bilden (denen kleinere Parteien sich anschließen). Diese Parteien decken das gesamte politische Spektrum ab: Die Radikaldemokraten haben als Gegengewicht die Christdemokraten, und den Grünen sowie den „roten" Sozialisten steht der konservative Block gegenüber. Doch so viele politische Farben im Spiel sein mögen, das Endergebnis tendiert meist ins Graue.

**›› So viele politische Farben bei der Regierungsbildung im Spiel sein mögen, das Endergebnis tendiert meist ins Graue.**

Für die, die dem Proporzsystem nichts abgewinnen können, gibt es noch eine zweite, kleinere Kammer, den *Ständerat,* in dem jeder Kanton, unabhängig von Größe und Bevölkerungszahl, mit zwei Abgeordneten vertreten ist. Es müssen zwei sein, damit Halbkantone einen schicken können.

Es gibt in der Schweiz eigentlich kein Staatsoberhaupt und keinen Regierungschef, aber immerhin den Repräsentationsposten einer jährlich wechselnden Präsidentschaft – schließlich braucht man jemanden, der die ausländischen Würdenträger empfängt. Daher sind die Schweizer oft in Verlegenheit, ihren derzeitigen Präsidenten zu benennen, denn er oder sie (es hat schon einige Präsidentinnen gegeben) ist halt nicht besonders wichtig, und es kommt sowieso jedes Jahr jemand Neues.

Das ganze System mag wie eine Garantie für Stillstand, Blockade und Ausweglosigkeit erscheinen. Aber da Misstrauensvoten und Amtsenthebungsverfahren nicht erlaubt sind, verfügt die Schweiz in Wirklichkeit über stabilere Regierungen als ein Großteil der übrigen Welt. Obwohl alle vier Jahre Parlamentswahlen stattfinden, sind dramatische politische Verschiebungen nach links oder rechts nahezu ausgeschlossen. Infolgedessen können der Aktienmarkt, die Produktionsbetriebe und der Handel investieren und planen, ohne große Rücksicht auf einen möglichen politischen Klimawandel nehmen zu müssen. Andererseits hat der Durchschnittsschweizer an seiner Teilverantwortung für das Funktionieren des Staates schwer zu tragen: Suizid ist eine häufigere Todesursache als Verkehrsunfälle, Drogen und Aids zusammengenommen.

## *Stimme für mich!*

Der erwachsene Schweizer Bürger läuft Gefahr, einen Großteil seiner Freizeit mit Wählen und Abstimmen zu verbringen. Alle vier Jahre finden die Wahlen zur Bundesversammlung statt. Zwischendurch müssen auch noch die Kantonsregierungen gewählt werden, gar nicht zu reden von all den Stadt- und Gemeinderäten. Und zusätzlich soll man auch an den Gemeinderatssitzungen teilnehmen und mit abstimmen. Zieht man dann noch die quartalsmäßig abgehaltenen Referenden in Betracht, kann es nicht überra-

**›› Der erwachsene Schweizer Bürger läuft Gefahr, einen Großteil seiner Freizeit mit Wählen und Abstimmen zu verbringen.**

schen, dass selbst hartgesottene Schweizer Demokraten mitunter von der „Wahlmüdigkeit" befallen werden – sozusagen eine politische Abart des Tennisarms. Die ernüchternde Wahrheit ist, dass im Durchschnitt kaum mehr als 40 % der Wahlberechtigten tatsächlich ihre Stimme abgeben.

Die Stimmzettel werden einen Monat vor einem Wahlgang an die Haushalte verschickt. Und dies aus gutem Grund, denn um sämtliche Zettel auszufüllen, müsste man den ganzen Tag lang in der Wahlkabine stehen. Ein Mangel an Wahlwerbung ist nicht zu beklagen – Zeitungsanzeigen, Plakate und Postwurfsendungen beschwören die Stimmberechtigten, ihr Kreuz an der richtigen Stelle zu machen.

**›› Um sämtliche Wahlzettel auszufüllen, müsste man den ganzen Tag lang in der Wahlkabine stehen.**

Wenn es darum geht, die Parlamentsabgeordneten zu wählen, wird die Sache fast unüberschaubar. Dutzende von politischen Parteien stehen zur Wahl. Dabei treten immer wieder nicht nur recht unkonventionelle Einzelkandidaten auf, sondern auch Vereinigungen wie die „Zum Glück Beat Looser"-Partei (Beat Looser war ein junger Mann, der sich vorzugsweise wie der schweizerische Nationalheld Wilhelm Tell kleidete), die „Grauen Panther", eine grüne Partei für die über Sechzigjährigen, die Liste „Gegen Männer benachteiligende Gesetze/Gegen unmenschliche Tierversuche" oder die unheilvoll klingende „Volks-Aktion gegen zu viele Ausländer und Asylanten in unserer Heimat". Das Aufkommen der „Piratenpartei" lässt das „X" auf dem Stimmzettel in einem ganz neuen Licht erscheinen.

Über Wahllisten, die erheblich länger sind als zum Beispiel ein Arm (30 Seiten im Kanton Zürich) und als Wahlvorschlag der einzelnen Parteien die Kandidaten in einer bestimmten Reihenfolge aufführen, kann der Wähler ein fertiges Menü wählen. Alternativ kann er aber auch *à la carte* wählen und sich eine eigene Liste aus persönlichen Favoriten zusammenstellen. Um die Verwirrung noch zu steigern, müssen diese Favoriten nicht einmal den vorgegebenen Listen entnommen sein – jeder Schweizer Staatsbürger über 18 kann aufgeführt und gewählt werden. Das klingt alles recht aufregend und könnte es theoretisch auch sein. In der Praxis ist es das nicht. All diesen demokratischen Verrenkungen zum Trotz legen die Schweizer, wie der Rest der Welt auch, eine gesunde Geringschätzung derjenigen an den Tag, die sie an die Macht gewählt haben, und kritisieren sie bei jeder Gelegenheit.

## *Ihre Papiere, bitte*

Im Vergleich zur Schweiz erscheint die Bürokratie anderer Länder wie das unbedarfte Treiben blutiger Amateure. Bevor man in der Schweiz auch nur einen Finger krumm machen kann, muss man sich erst einmal eine schriftliche Genehmigung besorgen.

**›› Im Vergleich zur Schweiz erscheint die Bürokratie anderer Länder wie das unbedarfte Treiben blutiger Amateure.**

Behördliche Entscheidungsprozesse werden ohne Eile betrieben. Die Schweizer möchten sich mit dem Warum und Wozu einer Situation erst gründlich vertraut machen, bevor sie sich ein Urteil bilden. So ist man vorbereitet, wenn irgendetwas schiefläuft. Es bedeutet aber auch, dass sehr viel Zeit vergehen kann, bis die Entscheidung reif ist. Langfristige Planungen und Lösungen statt kurzfristiger Zielsetzungen, so lautet die Parole. Was auch immer die Schweizer beschließen, es ist immer auf lange Sicht gedacht; möglichst für die Ewigkeit.

Die Behörden möchten jederzeit gern wissen, wo Sie sind und was Sie so treiben. Nicht genug damit, dass man sich, wenn man umzieht, bei der alten Gemeinde abzumelden und in der neuen innerhalb von acht Tagen wieder anzumelden hat, jede Familie führt außerdem ein von der Heimatgemeinde ausgestelltes Familienbüchlein. Anders als der Name vermuten lässt, ist das ein gewichtiger Wälzer mit festem Einband, wie ein überdimensionierter Reisepass, in dem nähere Angaben zu allen Mitgliedern der Familie eingetragen werden, wahrscheinlich für den Fall, dass man das eine oder andere mal vergisst.

**» Langfristige Planungen und Lösungen statt kurzfristiger Zielsetzungen, so lautet die Parole.**

Wer auf Schweizer Seen ein Boot mit einer Segelgröße von über 15 Quadratmetern zu Wasser lassen möchte, muss dieses registrieren lassen. Wer ein Motorboot fahren will, muss eine Prüfung absolvieren und einen Führerschein erwerben, bevor er ans Steuer darf. Außerdem muss der Motor des Bootes inspiziert werden, um zu gewährleisten, dass der Schadstoffausstoß sich innerhalb zugelassener Grenzen bewegt. Fahrräder bedürfen eines alljährlich zu erneuernden Aufklebers zum Nachweis einer gültigen Haftpflichtversicherung.

Autos müssen eine Plakette vorzeigen, um auf der Autobahn fahren zu dürfen, eine weitere, um über Nacht an der Straße parken zu können, und eine dritte, um nachzuweisen, dass sie die strenge Abgasuntersuchung erfolgreich durchlaufen haben.

Dieser bürokratische Würgegriff mag hochgradig unwirtschaftlich anmuten, aber man bedenke, dass wir uns in der Schweiz befinden. Wann immer Papiere ausgestellt, ergänzt, aktualisiert oder eingezogen werden, kostet es Geld. Aber nicht das des Staates; der Inhaber des Papiers zahlt – und nicht zu knapp. Und so verwandelt sich eine potenziell schwerfällige Bürokratie mit einer Unmenge von Beamten auf einen Schlag in eine hocheffiziente, sich selbst finanzierende Industrie, die Kapitalismus und Privatisierung wie ein Kinderspiel erscheinen lässt.

# Geschäftsleben

Man zähle Pharmazeutika, Schokolade, Käse, Armbanduhren, Feinmessgeräte und spezialisierte Großgeräte zusammen, füge Bankgeschäft, finanzielle Dienstleistungen, Versicherungen und als Zugabe den Tourismus hinzu, und man bekommt eine Volkswirtschaft mit einem der höchsten Werte beim Bruttosozialprodukt pro Kopf von allen Ländern der Erde – und das ohne die Handelsüberschussprobleme, die zum Beispiel Japan plagen.

Die Arbeitslosenquote in der Schweiz ist immer niedrig gewesen und liegt weiterhin deutlich unter dem europäischen Durchschnitt. Bis in die Mitte der 1990er hatte sich die Wirtschaft eines 40 Jahre währenden, fast ununterbrochenen Aufschwungs erfreut. Während dieser Zeit war man sich nicht einmal der Tatsache bewusst, dass der Begriff „Vollbeschäftigung" im keynesschen Sinne durchaus eine Arbeitslosenquote von 2 % zulässt. Man selbst lag gerade einmal bei 0,4 % – das sind weniger als 18.000 Betroffene. Wahrscheinlich waren sie alle namentlich bekannt.

## *Stresstest*

Stress ist eine wichtige Zutat im schweizerischen Rezept für geschäftlichen Erfolg. Fragt man einen Schweizer arglos nach seiner Arbeit, wird man auf der Stelle mit Horrorgeschichten darüber traktiert, wie aufreibend dieser Job sei. Es wird kein Zweifel daran gelassen, dass der Tag einfach nicht genug Stunden habe, um alle Pflichten zur Zufriedenheit, also hundertzehnprozentig, zu erfüllen.

Fragt man dagegen einen Briten, wird einem mit typischem Understatement beschieden, dass sich die Arbeit „im Rahmen“ halte, und alles „nicht so schlimm“ sei. Solche zurückhaltenden, entspannten Äußerungen würden die Schweizer als Haltung eines arbeitsscheuen Menschen werten und als entlarvenden Ausdruck des schlimmsten aller Verbrechen: Faulheit.

Arbeitslosengeld, das immerhin bis zu 70 % des zuletzt bezogenen Gehalts betragen kann, wird nur 18 Monate lang gezahlt. Dies und die Tatsache, dass es keine gesetzlichen Abfindungszahlungen gibt, hält die Schweizer auf Trab. In der Folge verbringen sie übertrieben viele Stunden an ihren Arbeitsplätzen, machen ein besorgtes Gesicht und beklagen sich, dass sie so ungeheuer viel zu tun hätten.

Die reguläre Wochenarbeitszeit liegt bei 41,5 Stunden, aber alle Schweizer werden Ihnen versichern, dass sie persönlich viel länger arbeiten, und um das zu beweisen, haben sie sogar gegen (!) die 36-Stunden-Woche gestimmt.

## Zeit ist alles

„Zeit ist alles“ lautete der Werbeslogan der leider von uns gegangenen nationalen Fluglinie *Swissair,* und das kann ohne Weiteres als Maxime für die gesamte schweizerische Wirtschaft gelten. Die Schweizer sind so dermaßen pünktlich, dass sie ein Konzept entwickelt haben, das geringeren Nationen unverständlich bleiben muss, das der Überpünktlichkeit. Zu früh dran zu sein, gilt nicht als Makel. Bezeichnenderweise fragen ja die Deutschsprachigen, wenn sie sich nach der Uhrzeit erkundigen, nicht etwa „Was ist die Uhrzeit?“, sondern: „Wie spät ist es?“

Gern hält die Wirtschaft an traditionellen Vorstellungen fest, wenn sie sich als erfolgsträchtig erwiesen haben, zum Beispiel, dass Frauen für die gleiche Arbeit schlechter bezahlt werden oder dass es bis 2005 keinen Mutterschutzurlaub gab. Gleichzeitig aber stürzt sie sich stets mit Begeisterung auf die neuesten technischen Errungenschaften. Schweizer Betriebe gehörten zu den ersten auf der Welt, die Computer einführten. Heute würde sich ein Schweizer Geschäftsmann lieber ohne Hose erwischen lassen als ohne das topaktuellste Smartphonemodell.

In den höheren Sphären des Managements gilt eine recht strenge Kleiderordnung, auf mittlerer und unterer Ebene jedoch zeigen die Schweizer ein überraschend legeres Outfit bei der Arbeit. Beim Büropersonal, ob männlich oder weiblich, sind Jeans gang und gäbe.

**›› Ein Bewerber mag noch so gut geeignet sein für den Job, wenn er nicht die einschlägigen Zertifikate mitbringt, kann er die Sache vergessen.**

Diplome sind das A und O im Arbeitsleben. Ein Bewerber mag noch so gut geeignet sein für den Job, wenn er nicht die einschlägigen Zertifikate mitbringt, kann er die Sache vergessen. Bescheinigungen aller Art sind so sehr Bestandteil der schweizerischen Kultur, dass sogar die amtlich zugelassenen Prostituierten, wenn sie sich aus dem aktiven Berufsleben zurückziehen, von der Polizei ein Zeugnis über ihr gutes Betragen ausgestellt bekommen können.

## *Niedrige Steuern*

Handel und Industrie, ebenso wie die Bürger, florieren unter einem im Grunde altmodischen, aber äußerst praktikablen Steuerwesen. Die Einkommensteuer wird dort eingezogen, wo man wohnt. So kommt es, dass zwei Personen, die Seite an Seite im selben Betrieb arbeiten und das gleiche Gehalt beziehen, unter Umständen unterschiedlich hohe Steuern zahlen, wenn sie in verschiedenen Gemeinden leben.

Eine Kapitalertragssteuer existiert in vielen Kantonen nicht, die Erbschaftssteuer ist kaum der Rede wert, und die Mehrwertsteuer, erst 1995 eingeführt, liegt bei lächerlichen 7,7 %. Eine Vermögenssteuer gibt es zwar, aber selbst wer eine Million auf dem Bankkonto hat, zahlt weniger als 0,1 % im Jahr. Steuerlich absetzbar ist so gut wie alles, von der Hypothek auf so vielen Häusern, wie man sich nur leisten kann, bis zu den Kosten, die beim Ausfüllen der Steuererklärung selbst anfallen.

**» Die Mehrwertsteuer liegt bei lächerlichen 7,7 %.**

Die Einkommenssteuer wird nachträglich gezahlt, entweder in drei Raten oder auf einen Schlag (für Letzteres gibt's Rabatt). Um den vom Steuerbescheid ausgelösten Schock zu mildern, zahlen die Arbeitgeber am Ende jedes Jahres ein dreizehntes Monatsgehalt, mit dem die Steuerschuld beglichen werden soll. Dazu müsste die Steuerrate allerdings bei einem Zwölftel bzw. 8,3 % liegen, was selbst für Schweizer Verhältnisse eine allzu optimistische Sicht ist. Immerhin ist der Steuersatz von durchschnittlich 16 % immer noch niedrig im internationalen Vergleich, was die Schweizer freilich nicht daran hindert, sich zu beklagen.

Nach Todesfällen erscheinen die Behörden sehr eilig auf der Bildfläche, um sich davon zu überzeugen, dass der Verstorbene auch alle anfallenden Steuern ordnungsgemäß abgeführt hat. Man kann das Geld ja nicht mitnehmen, aber der Schweizer Staat hat seine Bürger im Verdacht, dass sie es zumindest versuchen.

## *Proletarier aller Kantone ...*

Die schweizerische Arbeitnehmerschaft ist hochqualifiziert, hochmotiviert und hochbezahlt. In einem Ende der 1930er Jahre geschlossenen „Friedensabkommen“ verpflichteten sich die Arbeiter, auf Streiks zu verzichten, und auch heute noch sind Arbeitsniederlegungen nahezu unbekannt. Tatsächlich würden die Schweizer sich auch schwer tun, einen Grund zum Streiken zu benennen.

**» Die schweizerische Arbeitnehmerschaft ist hochqualifiziert, hochmotiviert und hochbezahlt.**

Die hohen Qualifikationen, die Harmonie und die gute Bezahlung schufen allerdings ein Problem: Wer sollte noch Löcher graben und die Straßen erneuern? Die Antwort ergab sich in Gestalt der Saisonarbeiter oder *saisonniers*. Überwiegend aus den Mittelmeerländern kommend, schicken diese zeitweiligen „Gastarbeiter“ ihre sauer verdienten Schweizer

Franken jeden Monat nach Hause zu ihren Familien. Ist die Arbeit getan, schicken die Behörden ihrerseits die Arbeiter zurück nach Hause zu ihren Familien – ein cleverer Export schweizerischer Erwerbslosigkeit.

Bemerkenswerte 318.500 Beschäftigte, über 6 % der Arbeitnehmer in der Schweiz, kommen tageweise ins Land – 61.000 aus Deutschland, 8.000 aus Österreich, 72.000 aus Italien und 174.000 aus Frankreich. Diese „Tagesausflügler" werden mit der Aussicht über die Grenze gelockt, im Durchschnitt etwa das Doppelte dessen zu verdienen, was sie für die gleiche Arbeit in ihrem eigenen Land bekommen würden.

Wenn auch nur die kleinsten Arbeiten (außer vielleicht Putzen) im Haus zu verrichten sind, werden unter hohem Kostenaufwand Handwerker einbestellt. Diese mögen zwar hochqualifiziert sein, aber während ihrer vierjährigen Ausbildung lernen sie offenbar als Allererstes, den ihnen erteilten Auftrag, worin er auch immer bestehen mag, für „undurchführbar" zu erklären. Bevor sie auch nur einen Finger rühren, stellen sie, unter theatralischem Ansaugen von Luft zwischen den Zähnen, kategorisch fest, das, was der Auftraggeber sich da vorgestellt habe, schlicht unmöglich sei. Der Hausbesitzer muss dann mindestens eine halbe Stunde Zeit aufwenden, um sie vom Gegenteil zu überzeugen. Am Ende willigt der Handwerker ein, erledigt die Arbeit mit Bravour und setzt die halbe Stunde Überredungszeit mit auf die Rechnung.

**» Wenn auch nur die kleinsten Arbeiten im Haus zu verrichten sind, werden unter hohem Kostenaufwand Handwerker einbestellt.**

### *Wer was an wen verkauft und wo*

Die Geschäfte des Landes spiegeln das Bedürfnis der Schweizer, an dem, was ihnen gefällt, festzuhalten so lange es funktioniert. Das Einzelhandelswesen geht noch recht altmodisch vor sich und stützt sich überwiegend auf den Importeur, den Großhändler und den kleinen Laden um die Ecke. Die Geschäftszeiten sind reglementiert, der Sonntagsverkauf verboten, außer natürlich dort, wo Touristen gewillt sind, ihre Schweizer Franken auszugeben.

Die Schweizer halten sich nicht lange damit auf, nach dem günstigsten Preis zu suchen – dafür haben sie keine Zeit, und wenn sie auch nicht unbedingt aufs Sparen angewiesen sind, werden sie ihr Geld doch niemals verschwenden. Der schweizerische Erfolg beruht nicht unwesentlich darauf, dass der Konsument schweizerische Produkte bevorzugt. Die ausländischen Alternativen mögen billiger sein, doch die Schweizer kaufen lieber schweizerisch, weil sie davon überzeugt sind, dass ihre Waren besser funktionieren und länger halten – womit sie in aller Regel recht haben.

**» Die ausländischen Alternativen mögen billiger sein, doch die Schweizer kaufen lieber schweizerisch.**

Dass die kleinen Geschäfte von den Konsumenten so sehr unterstützt werden, ist auch dem Wirken einer starken Einzelhandelslobby zu verdanken. Die Apotheken sorgen dafür, dass Supermärkte kein Aspirin verkaufen dürfen, und die Haushaltswarengeschäfte wehren sich vehement gegen jegliche Pläne, in ihrer Umgebung einen modernen Riesenmarkt zu errichten. An den Stadträndern angesiedelte Einkaufszentren existieren zwar, aber noch haben sie dem konventionellen Einzelhandel nicht so viel Schaden zugefügt wie anderswo.

Kartelle, in den meisten westlichen Volkswirtschaften seit langem grundsätzlich verboten, florieren in der Schweiz noch immer recht ungestört. Von Zeit zu Zeit nimmt die Regierung sie ein wenig ins Visier, und die Kartelle geraten kurzzeitig unter Rechtfertigungsdruck. Das jedoch hält die führenden Unternehmen in vielen Branchen nicht davon ab, sich zusammenzutun und marktwirtschaftswidrige Absprachen darüber zu treffen, wo und zu welchem Preis ihre Produkte verkauft werden sollen.

Bereits im Jahr 1925 wurde deutlich, dass es bei den Einzelhandelspreisen einen beträchtlichen Spielraum nach unten gab, als ein gewisser Gottlieb Duttweiler den Direktvertrieb einführte. Mit lediglich sechs Produkten im Angebot unterbot er herkömmliche Einzelhandelspreise um bis zu 40 %. Duttweiler teilte die üblichen Großhandelsmengen von Grundnahrungsmitteln wie Kaffee, Reis, Nudeln und Zucker in kleinere Stückzahlen auf, und das war die Geburtsstunde des *Detailhandelsunternehmens* (schweizerisch für Einzelhandelsunternehmen) *Migros,* zunächst angefeindet und auf Marktnischen begrenzt, heute jedoch eine schweizerische Institution mit 804 Filialen, die in allen Gemeinden des Landes vertreten sind.

**›› Migros ist heute eine schweizerische Institution.**

Nach den Gesetzen wirtschaftlicher Logik müsste Migros nach so langer Zeit eigentlich sämtliche Wettbewerber aus dem Feld geschlagen haben. Das ist jedoch nicht der Fall, und obwohl es fast überall, ob bei Banken oder bei Tankstellen, seine Finger mit im Spiel hat, ist es Migros nie gelungen, sein Billig-Image ganz abzustreifen. Nahrungsmittel bei Migros einzukaufen, gilt als vernünftig. Aber kein Schweizer würde im Traum daran denken, etwa nach Geschenken dort zu suchen – das hieße, es mit der Sparsamkeit denn doch zu übertreiben, und würde als schlichtweg schäbig angesehen.

# Verbrechen & Strafe

Die Schweiz wird oft als Polizeistaat bezeichnet, vornehmlich von den Anhängern von Ultraleichtflugzeugen, Motorschlitten und Jetskis, die alle innerhalb der Landesgrenzen verboten sind. Das klingt aber dramatischer, als es gemeint ist, denn der Begriff der *Polizei* umfasst in der Schweiz ein bisschen mehr als anderswo. Es gibt eine Polizei, die für die Entsorgung toter Haustiere zuständig ist. An den zahlreichen Seen des Landes ist die *Seepolizei* tätig (ein im Sommer zweifellos recht angenehmer Job). Über die Berechtigung von Ausländern, im Lande zu arbeiten und zu wohnen, befindet die *Fremdenpolizei.* Die korrekte Entsorgung von Hausmüll überwacht die *Müllpolizei.* Seinen Müll in einem nicht genehmigten Beutel zu verstauen, ist eines der schlimmsten Verbrechen, die man begehen kann. Spezielle Müll-Detektive durchsuchen den Inhalt gesetzwidriger Beutel nach Hinweisen auf den Schuldigen, und das Strafgeld kann recht saftig ausfallen, selbst für Ersttäter.

Die Schweiz ist von Gesetzen besessen und noch mehr von ihrer Durchsetzung. Gelegentlich fällt man damit auf die Nase, beispielsweise, als sich herausstellte, dass kein bestehendes Gesetz es einem Züricher Geschäftsmann verwehrte, den eigenen Parkplatz vor seinem Büro anzumalen. Und es kommt durchaus vor, dass die hartnäckige Befolgung von Regeln in Konflikt mit dem gesunden Menschenverstand gerät.

**» Die Schweiz ist von Gesetzen besessen und noch mehr von ihrer Durchsetzung.**

Bei jeder Filmvorführung im Kino gibt es eine Pause, ganz gleich wie kurz der Film ist. Zu einem festgelegten Zeitpunkt zieht der Vorführer den Stecker, ohne Rücksicht darauf, was gerade auf der Leinwand passiert. Meerschweinchen können nur paarweise gekauft werden. Das Schweizer Tierschutzgesetz bestimmt, dass sie, da sie dazu neigen, sich einsam zu fühlen, einen Gefährten brauchen. (Besitzer können Ersatzschweinchen mieten, die ihrem verwaisten Kuscheltier Gesellschaft leisten.) In den meisten Wohnkomplexen verbietet die Hausordnung, vor 7 Uhr und nach 22 Uhr ein Bad zu nehmen. Da es aber schlicht undenkbar ist, dass ein Schweizer ohne vorheriges Waschen im Morgengrauen (wie es weithin üblich ist) an seinem Arbeitsplatz erscheint, sind Duschen von dieser Regelung ausgenommen.

**» Die Polizei kann in der Erfüllung ihrer Pflicht mit breiter Unterstützung vonseiten der Bevölkerung rechnen.**

Die Polizei kann in der Erfüllung ihrer Pflicht mit breiter Unterstützung vonseiten der Bevölkerung rechnen, sodass der Polizeiapparat effektiv gut acht Millionen Personen umfasst. Wenn der Bürger sich erst einmal darauf einlässt, der Unzahl von Gesetzen zu folgen, neigt er zu der Überzeugung, alle seine Landsleute sollten das ebenfalls tun. Anders als etwa die Briten, die es als Volkssport betrachten, „dem System ein Schnippchen zu schlagen“, oder die Franzosen, für die Regeln eher Empfehlungscharakter haben, hält der Schweizer Rechtsvorschriften grundsätzlich für sinnvoll und hilft folglich bei ihrer Durchsetzung. Wer gerade den Jahresbeitrag für seine obligatorische Fahrradversicherung entrichtet hat, wird nicht zufrieden sein, wenn andere beitragsfrei durch die Gegend radeln. Auf diese Weise werden selbst scheinbar nicht erzwingbare Regeln wie die, Autos nicht am Sonntag waschen oder Feuer im Garten ausschließlich am Samstag entfachen zu dürfen, von der „Gardinenbrigade" überwacht, die kein Zögern kennt, wenn es gilt, Missetäter zu melden.

Durch Hinweise aus der Bevölkerung kommen die Behörden mehr Steuersündern auf die Spur als durch eigene Ermittlungen. Traditionell ist die Kriminalität in der Schweiz finanzieller Natur: Schmiergelder für korrupte Beamte, betrügerische Schneeballsysteme, mit denen gutgläubige Investoren um ihr Geld geprellt werden und die berühmt-berüchtigte Geldwäsche (obwohl nicht ganz klar ist, ob Letztere in der Schweiz überhaupt ein Verbrechen darstellt).

**» Traditionell ist die Kriminalität in der Schweiz finanzieller Natur.**

Nach internationalen Maßstäben ist die Verbrechensrate in der Schweiz niedrig. Trotzdem sind die Schweizer Gefängnisse immer voll. Die Wähler stimmten einem Plan zu, neue zu bauen, die aber schon wenige Tage nach Fertigstellung ebenfalls voll waren. Offenbar kommt den Schweizern nicht in den Sinn, dass ein Zusammenhang zwischen der Überfüllung und der Tatsache bestehen könnte, dass ihre Gefängnisse einem soliden 3-Sterne-Hotel gleichkommen.

Die Zunahme der Kriminalität geht großenteils auf das Konto von Drogenmissbrauch – entweder kämpfen Dealer um ihre Reviere oder Süchtige klauen Fahrräder, um ihre

Sucht zu finanzieren (über 40.000 Stück werden jedes Jahr gestohlen).

Schweizer Polizisten verkörpern das Gegenteil von *chic.* In ihren grauen Uniformen können sie leicht mit Postbeamten verwechselt werden, nur dass Postbeamte keine Waffen tragen, es sei denn, sie müssen zur Reserveübung. Auch zeigen sie eine erschreckende Tendenz, beim kleinsten Anlass das Tränengas und die Gummigeschosse auszupacken. Auf diese Weise werden viele Demonstrationen zu einem tränenreichen Abschluss gebracht, doch öffentliche Reaktionen erfolgen so gut wie nie.

**›› Schweizer Polizisten können leicht mit Postbeamten verwechselt werden.**

Einnahmen erzielt die Polizei in erklecklichem Umfang durch Strafgelder für alles, was sich zu schnell bewegt oder zu lange irgendwo hält (oder beides richtig macht, aber am falschen Ort). Auch die Ausgabe von Formularen zu 25–30 Franken pro Anlass ist eine einträgliche Angelegenheit, selbst wenn diese nur dazu dienen, unschuldigen Bürgern ihre Unschuld zu bescheinigen. Um in den Staatsdienst treten zu können oder größere Aussicht auf Erfolg bei der Wohnungssuche zu haben, lässt man sich ein polizeiliches Führungszeugnis ausstellen, in dem festgehalten ist, dass der Bewerber unbescholten ist oder jedenfalls noch nicht erwischt wurde.

# Sprache

Eine sprachliche Landkarte der Schweiz würde Betrachter glauben machen, die Mehrheit der Bevölkerung spräche Deutsch. Das ist jedoch nicht der Fall. Die gesprochene Sprache oder der Dialekt einer Mehrheit von Schweizern wird als *Schweizerdeutsch* oder auch *Schwizerdütsch* oder *Schwiizertüütsch* oder *Schwyzertütsch* usw. bezeichnet. Keine zwei Schweizer können sich auf die korrekte Schreibweise einigen, aber darauf kommt es auch gar nicht an, da es sich um keine geschriebene Sprache handelt. Und obendrein bildet sie keine Einheit. Jeder Ort hat seine eigene Version. Es gibt *Baseldytsch, Berndütsch, Bündnerdütsch, Züridütsch* – die Liste orientiert sich grob an der Anzahl der Täler.

Zum Schreiben verwenden die schweizerdeutschsprachigen Schweizer das Hochdeutsche, bezeichnenderweise auch das *Schriftdeutsche* genannt.

Es gibt sogar Unterschiede zwischen dem Hochdeutschen auf Schweizer Art und dem Deutsch der Deutschen, vergleichbar dem Unterschied zwischen amerikanischem und britischem Englisch. Die Amerikaner sagen *street car* statt *tram* wie die Briten; was den Deutschen die *Straßenbahn* ist, ist den Schweizern wiederum die *Tram.* Da viele Wörter als zu deutsch angesehen werden, greift man zu Alternativen. Der *Urlaub* der Deutschen klingt den Schweizern nicht erholsam genug, sie gehen lieber in die *Ferien.* Um den Deutschen in ihrer eigenen Sprache ein Bein zu stellen, gebrauchen die Schweizer stur ihre höchst eigenen Begriffe und Vokabeln. Der See, an dem Zürich liegt, müsste der Logik der deutschen Sprache entsprechend eigentlich *Züricher See* heißen, und viele deutsche Besucher fallen auch prompt auf den Trick – wenn schon nicht in den See – hinein. Die Schweizer nennen ihn den *Zürichsee.*

Auch *Danke* gilt als zu deutsch, daher sagen die Schweizerdeutschen *Merci.* Um nicht für Französischsprachige gehalten zu werden, fügen sie den Zusatz auf Deutsch hinzu. Um aber nun wiederum nicht für Deutsche gehalten zu werden, die einen Satz auf Französisch anfangen und dann nicht weiterwissen, benutzen sie nicht das hochdeutsche *vielmals,* sondern die schweizerische Version ohne „s". Das Ergebnis ist sehr seltsam, sehr bilingual und sehr schweizerisch: *merci vielmal.*

**» „Danke" gilt als zu deutsch.**

## *Durch eine gemeinsame Sprache getrennt*

Wer gern regionale Barrieren errichten möchte, spricht seinen eigenen Dialekt. Bundesstaaten wie die USA sind ja schön und gut, aber erst wenn du deinen Landsmann als Ausländer identifizieren kannst, sobald er seinen Mund aufmacht, kommt so richtig Freude auf.

Fürs Schweizer Gehör schwankt der Klang der verschiedenen schweizerdeutschen Dialekte zwischen „putzig" und „tut in den Ohren weh". (Alles gemessen natürlich an dem eigenen, dem einzig „richtigen" Dialekt.) Das Schweizerdeutsch ist eine alte, gutturale, bäuerliche Sprache, die sich vieler Räuspergeräusche bedient. Für ausländische Ohren mag es gesundheitsschädigend klingen, und doch ist dieses kehlige Idiom so lebendig wie eh und je und in keiner Weise vom Aussterben bedroht.

Fernsehen und Radio in den deutschsprachigen Gebieten senden fast ausschließlich auf Schweizerdeutsch. Seit dem Aufkommen lokaler TV-Sender gibt es sogar die Nachrichten auf Schweizerdeutsch – wie die Sprecher allerdings in einer nichtschriftlichen Sprache vorlesen, muss ihr Geheimnis bleiben.

Das Schweizerdeutsch hat der Welt außer dem *Müsli* und den *Rösti* nicht viel gegeben, und viele Sprichwörter und Redensarten behält es ganz für sich. Einige davon spiegeln die der Schweiz eigene seltsame Mischung aus Bäuerlichkeit und Hochfinanz wider. „So dunkel wie in einer Kuh" kommt aus der Landwirtschaft, während „Reden ist Silber, Schweigen ist Gold" seine Nähe zur Börse nicht verleugnen kann.

Bei vier Amtssprachen (Deutsch, Französisch, Italienisch und Rätoromanisch) kann die Sache schon mal kompliziert werden. Die Milchpackungen sind dermaßen mit vielsprachigen Hinweisen zur sachgerechten Lagerung bei 3–5 °C und Angaben zum mineralischen Gehalt übersät, dass praktisch kein Platz für die Abbildung einer Kuh bleibt.

**›› Bei vier Amtssprachen kann die Sache schon mal kompliziert werden.**

Von klein auf, angefangen mit der dicht beschriebenen Rückseite der Cornflakes-Packung, wachsen die Kinder in einem sprachlichen Mixbecher auf. Zusätzlich zu ihrer Muttersprache lernen sie in der Schule eine zweite Schweizer

Amtssprache. Die deutschsprachigen Kinder (die mit dem Schwizerdütschen aufgewachsen sind) haben es besonders schwer, denn sie müssen erst einmal das Hochdeutsche meistern (zum Lesen und Schreiben), bevor sie die nächste Sprache lernen können.

Die Tafeln, die auf Bahnhöfen vor dem Überqueren der Gleise warnen, tun das bezeichnenderweise ebenso auf Deutsch, Italienisch, Französisch wie auch auf Englisch. Man könnte die Warnung eigentlich aufs Englische beschränken, denn ein Schweizer käme ohnehin niemals auf die Idee, so etwas Beklopptes wie das Überqueren der Gleise auch nur ins Auge zu fassen.

## *New High Swiss German*

Die englische Sprache ist beliebt in der Schweiz und gilt als schick, wie man an PR-Slogans wie *Come Up – Slow Down* des Ortes Gstaad ablesen kann. Produktpackungen werden mit englischen Ausdrücken gespickt – *Lifestyle, quick, low fat,* und auch Graffiti sind gern auf Englisch gehalten.

Oft nimmt das Englische auch die farbige Gestalt des „Schwenglisch" an – halb schweizerisch, halb englisch –, etwa bei Ausdrücken, von denen die Schweizer überzeugt sind, sie gehörten zum Alltagsenglischen, zum Beispiel *Smoking* für einen Abendanzug oder *Trainer* für Sportbekleidung, ein Wort, das im Englischen entweder eine Person, die ein Sportteam betreut, oder eine Hälfte eines Paar Laufschuhe bezeichnet. Die ganze Schweiz ist übersät mit grünen Plastiktütenspendern für Hundebesitzer, damit diese die Notdurft ihrer

Lieblinge aufsammeln und entsorgen können (nebenbei bemerkt: Wenn man Hundebesitzer dazu bewegen kann, dürfte nichts unmöglich sein). Der Name für diese Tütenspender ist *Robidog* (halb Robocop, halb Hund, jedenfalls eine Verlegenheitslösung, da keine der Schweizer Sprachen passend schien). Schwenglisch sollte nicht mit dem echten Englisch verwechselt werden, das der Schweizer immer wieder gern in seine Sätze einstreut, etwa Wörter wie *Know-how, Insider tip, Ticket, Meeting* und *Fixer.* Bemerkenswert auch, dass bei den seltenen Gelegenheiten, wo der Schweizerdeutsche sich mal entschuldigen muss, das Wort *Sorry* die Wendung „es tut mir leid" ersetzt hat.

Vor allem in der Werbung kommt der Gebrauch des Englischen nicht zu kurz. Plakate und Reklamespots beschwören das Publikum: *Take it easy, Get the Feeling,* schließt euch dem *Dream Team* an, betreibt *Safer Sex* und, ein Rückfall ins Schwenglische, sagt ihnen, *it's Pretty Woman.* Selbst die Plakate der offiziellen Verkehrssicherheitskampagne konstatieren schlicht: *No Drinks, No Drugs, No Problems.*

# ENDE

# Der Autor

In Southport, Merseyside, geboren, ist aus **Paul Bilton** etwas geworden, das relativ lieblos als „Papierschweizer" bezeichnet wird. (Heirate zunächst eine Schweizerin, lebe fünf Jahre lang im Lande, fülle Formulare aus, warte noch einmal achtzehn Monate und übergebe schließlich eine gehörige Summe Schweizer Franken für das Papier, das dir die schweizerische Staatsbürgerschaft gewährt, in bar an den Postboten, der es dir ins Haus liefert.)

Nach beruflichen Tätigkeiten in der Werbung („Ferguson's Fertilizers Fertilize Faster"), im Verlagswesen und als Hersteller von Kunststofferzeugnissen nach eigenem Patent verließ er Großbritannien, um fortan als Ausländer in der Schweiz zu leben. Dort gibt er, neben dem Schreiben, Arbeiten fürs Radio und Vorträgen über das schweizerische Leben, hin und wieder auch Englischunterricht. Er ist ehrlich bemüht, sich mehr Sorgen zu machen, und versteht immer noch nicht, warum es verpönt ist, seinen privaten Atomschutzbunker selbst zu tapezieren.

Mit seiner Schweizer Frau führt er ein idyllisches Leben im Zürcher Oberland, wo er die Deckel von Kaffeesahnebehältern sammelt, während sie Kissen fürs Auto bestickt. Sehr oft stehen Müsli und Rösti bei ihnen auf dem Speiseplan, allerdings werden sie niemals auf ein und demselben Teller serviert.

Was mir noch aufgefallen ist ...

## *Du weißt, dass Du in der Schweiz bist, wenn ...*

Platz für eigene Beobachtungen

Poste ein Bild von diesen Seiten auf Instagram unter #fremdenversteher #reiseknowhow oder auf Facebook/Reise Know-How oder schick uns eine Mail an fremdenversteher@reise-know-how.de

## *Außerdem von Reise Know-How:*

Außer den Fremdenverstehern gibt es von Reise Know-How viele Bücher rund ums Reisen und für die weite Welt.

**Reiseführer**

Mehr wissen, mehr sehen, mehr erleben: Die kompletten Reisehandbücher für individuell Reisende. Antworten auf alle praktischen Fragen von A bis Z, dazu Hintergründe, Geschichte und Geschichten.

**CityTrip**

Die handlichen, praktischen Stadtführer mit Faltplan und Web-App für den individuellen Kurztrip. Erhältlich für alle Metropolen und die schönsten Reiseziele, aber auch für viele kleinere Städte, die es noch zu entdecken gilt.

## Kauderwelsch-Sprachführer

Die Kauderwelsch-Familie umfasst neben dem handlichen Sprachführer auch den dazu passenden AusspracheTrainer (mp3-Download oder Audio-CD). Kauderwelsch-Sprachführer bieten mehr als ein reines Phrasenbuch: Die knappe Einführung in die Grammatik, die Wort-für-Wort-Übersetzungen und das Wörterverzeichnis helfen, sich schnell in der neuen Sprache zu orientieren und sie bald selbst anzuwenden.

## world mapping project Landkarten

Reiß- und wasserfest, beschreibbar, aktuell und alltagstauglich: Diese Eigenschaften kennzeichnen die hochwertigen Reisekarten von Reise Know-How in der Serie „world mapping project“. Erhältlich für fast alle Länder der Erde und zahlreiche interessante Regionen – und das im jeweils besten Maßstab.

***... und vieles mehr auf www.reise-know-how.de***

„Die Franzosen mögen es, wenn sich die Regierung in ihr Leben einmischt. [...] der Staat ist Frankreich (wie Kochen, Wein, Frauen, das Landleben, Paris, Kultur, Kinder, Freiheit-Gleichheit-Brüderlichkeit und ihr angeborenes Recht, auf dem Zebrastreifen zu parken)."

„Die meisten Nationen betrachten die Niederländer als organisiert und effizient – ähnlich den Deutschen, nur nicht so beeindruckend. [...] Die Bäume in der Landschaft sind in Linien gepflanzt und die schwarz-weißen Kühe sind in ordentlichen kleinen Gruppen arrangiert."

„Japaner sind von Haus aus gesellig – Individualität und Egoismus sind genauso willkommen wie ein Sumoringer, der sich am Büffet vordrängelt. [...] In Japan möchte sich jeder von allen anderen unterscheiden und zwar auf genau die gleiche Art."

„Die Engländer sind stolz auf ihren Sinn für *fair play* und nehmen an, dass dieser auch von allen anderen anerkannt und bewundert wird. [...] Wenn also ein Engländer sein Wort bricht, sollten die Ausländer gefälligst verstehen, dass es einen zwingenden Grund dafür gibt."

„Aus schwedischer Perspektive sind die Unterschiede zwischen den nordischen Ländern gravierend. Dänemark ist horizontal, Norwegen ist vertikal, Island schmilzt weg, Finnland ist ein Labyrinth und Schweden ist atemberaubend idyllisch."

„Die USA sind ein Land, in dem sich einst Abenteurer, religiöse Fanatiker und Außenseiter niederließen (eine demographische Mischung, die sich in den letzten 400 Jahren kaum geändert hat)."

## *In der Reihe „Die Fremdenversteher" sind bisher erhältlich:*

| | |
|---|---|
| So sind sie, die Amerikaner | ISBN 978-3-8317-2870-1 |
| So sind sie, die Australier | ISBN 978-3-8317-2883-1 |
| So sind sie, die Belgier | ISBN 978-3-8317-2884-8 |
| So sind sie, die Deutschen | ISBN 978-3-8317-2871-8 |
| So sind sie, die Engländer | ISBN 978-3-8317-2872-5 |
| So sind sie, die Franzosen | ISBN 978-3-8317-2873-2 |
| So sind sie, die Isländer | ISBN 978-3-8317-2875-6 |
| So sind sie, die Italiener | ISBN 978-3-8317-2876-3 |
| So sind sie, die Japaner | ISBN 978-3-8317-2877-0 |
| So sind sie, die Niederländer | ISBN 978-3-8317-2874-9 |
| So sind sie, die Österreicher | ISBN 978-3-8317-2878-7 |
| So sind sie, die Polen | ISBN 978-3-8317-2879-4 |
| So sind sie, die Schweden | ISBN 978-3-8317-2880-0 |
| So sind sie, die Schweizer | ISBN 978-3-8317-2882-4 |
| So sind sie, die Spanier | ISBN 978-3-8317-2881-7 |

Alle Titel haben 108 Seiten und kosten 8,90 € (in Deutschland). Außerdem sind alle Titel auch als E-Book verfügbar, jeweils in den Formaten epub und mobi (für Amazon kindle).